임용고시 10개월 초수합격의 비법

실전
전공체육
테마 178

THEME

178

머리말
Preface

안녕하세요. 〈실전 전공체육 테마 178〉의 저자 대어해리입니다.
이 책은 '2024학년도 중등교사 임용시험' 대비를 위해 제작되었습니다.
방대한 전공체육의 양을 압축하고, 암기하기 쉽게, 시험장에서 정답으로 쓸 수 있도록 제작하였습니다.
교재에 작성한 '키워드'는 모두 '기출문제'와 '전공서'에 사용된 핵심 용어들입니다.
본문에서는 시험장까지 가져가야 할 키워드를 청킹으로 묶어두었습니다.
굵은 글씨와 밑줄 표시는 기출문제와 전공서에서 강조된 내용을 반영한 표시입니다.
아래 교육과정평가원이 발표한 '중등교사임용시험'의 출제원칙과 평가영역 및 평가 내용요소 비율을 참고하여 공부 시간을 배분하신다면 더욱 효율적으로 공부하실 수 있습니다.

> ※ 출제원칙 + [체육] 표시 과목별 평가영역 및 평가내용 요소
> - 교과교육학(25~35%) : 20~28점
>   1) 체육교육론 (국가교육과정 포함)
> - 교과내용학(75~65%) : 각 7~8점
>   1) 체육측정평가, 2) 스포츠 심리학(운동학습 및 심리포함), 3) 스포츠 사회학,
>   4) 운동역학, 5) 운동생리학, 6) 체육사 철학, 7) 건강교육

이 교재의 추천 대상입니다.

1 첫 공부 시작(예 : 초수생)
"볼 게 너무 많은 전공 공부, 뭐부터 얼마나 공부해야 하지?"

2 암기하기(예 : 중급자)
"인강도 다 듣고, 인강 교재도 다 봤는데 이걸 이제 어떻게 외우지?"
"암기가 너무 어렵다. 쉽게 하는 방법 없을까?"

3 더블체크(예 : 상급자)
"내가 놓치고 있는 시험범위에서 문제가 나올 수도 있지 않을까?"
"합격생은 전공 공부 어디까지, 얼마만큼 정리했을까?"

4 마지막 점검(예 : 임고 D-100)
"시험이 곧인데, 전공 공부 이 정도면 될까?"
"시험장에 들고 갈 한 권이 필요한데, 뭘 가져갈 수 있을까?"

실전 전공체육

이 교재의 3가지 강점입니다.

1 적은 분량으로 효율적으로 공부할 수 있다.
전공 원서 20권, 5,000페이지, 전공 강의 교재 8권의 방대한 공부 분량 ✕
▶ 전공체육 시험범위 전체를 단 한 권에 178개의 테마로 압축하여 정리

2 방금 암기한 키워드를 바로 정답으로 쓸 수 있다.
모든 문제가 주관식인 임용시험, 누구나 정답으로 인정할 수 있는 공인된 키워드로 정답을 써야 한다.
▶ 기출문제와 전공서에 쓰인 단어만을 키워드로 선별한 교재

3 청킹을 통해 쉽게 암기할 수 있다.
오차 없이 정확한 정답을 쓰기 위해 암기전략 활용하기
수많은 내용 중 정답으로 쓸 수 있는 키워드를 골라둔 청킹
▶ 앞글자만 떠올리면 뒷내용도 술술 나오는 비법

처음 임용 공부를 시작하던 날의 막막함을 기억합니다.
그리고 임용시험을 하루 앞둔 그날 밤의 떨림과 불안을 기억합니다.
저와 같은 선택을 하신 선생님들의 막막함과 불안을 조금이나마 덜어드리고 싶습니다.
교사가 되기 위해 소중한 시간을 내건 선생님의 선택과 도전을 진심으로 응원합니다.
선생님의 노력이 합격과 빛나는 미래로 보상받길 응원하겠습니다.
임용 공부를 하며 필요한 교재가 없어 직접 교재를 제작하며 공부했습니다.
교사가 된 뒤, '배워서 남주는 게 일'이라고 교사의 본분이라 생각하며 저의 공부방법과 자료들을 블로그와 E-Book, 유튜브로 나누었습니다.
제 방법과 교재를 좋아해주신 많은 선생님들 덕분에 이렇게 더 많은 선생님들께 닿을 수 있는 기회를 갖게 됐습니다.
앞으로도 더 유익한 정보와 자료로 선생님들의 합격을 도울 수 있도록 노력하겠습니다.
임용 합격에 도움이 되는 공부 팁들은 아래 링크에서 더 확인하실 수 있습니다.
항상 건강하세요.
감사합니다.

* YouTube '대어해리' : www.youtube.com/@dareharry
* Instagram 'dareharry._.t' : www.instagram.com/dareharry._.t
* Blog 'makeabook' : blog.naver.com/makeabook

〈실전 전공체육 테마 178〉
ⓒ 2023. DareHarry All Rights Reserved.

이 책의 차례
Contents

PART 1 체육교육론

Chapter 01 학습과제개발과 전달 10
- 001 학습과제개발 10
- 002 개발된 학습과제의 전달 10
- 003 피드백 11
- 004 질문 11
- 005 수업운영 및 수업관리시간, 예방적 관리 기법과 관리전략 12
- 006 교수기능의 체계적 개발과 효율적 교수 14
- 007 시덴탑(Sidentop) 교수·학습의 생태학적 관점, 체육수업 생태의 과제체계 15
- 008 현장개선연구 15
- 009 교수활동 측정도구 : 전통적 교수평가법 / 체계적 관찰법 16
- 010 체육수업 비평 17
- 011 현대 체육 프로그램과 수업 18

Chapter 02 메츨러 19
- 012 모형 중심 체육수업의 의미와 구성 19
- 013 모형 중심 체육수업 학습동기 / 학습영역 / 학습내용 20
- 014 모형 중심 체육수업 교수전략 21
- 015 모형 중심 체육수업에서 학생평가 22
- 016 메츨러(Metzler) 전통평가 / 대안평가 / 실제평가 22

Chapter 03 링크의 수업 방식 / 교수·학습 전략 / 맥락적합 수업체제 7가지 23
- 017 1. 적극적 수업(= 상호작용 수업) 23
- 018 2. 과제식 수업[= 스테이션(순환) 수업] 23
- 019 3. 질문식 수업 24
- 020 4. 동료 수업(= 또래교수) 24
- 021 5. 협동적 수업(= 협동학습) 25
- 022 6. 자기지도식 수업(= 개별화 수업, 계약학습, 개인화 수업 체계) 25
- 023 7. 팀티칭(= 협력교수) 25

Chapter 04 모스턴의 교수 스타일 26
- 024 수업 스펙트럼과 교수 스타일 26
- 025 A 지시형 스타일(T-T-T) 27
- 026 B 연습형 스타일(T-L-T) 28
- 027 C 상호학습형 스타일(T-Ld-Lo) 29
- 028 D 자기점검형 스타일(T-L-L) 30
- 029 E 포괄형 스타일(T-L-L) 31
- 030 발견역치 31
- 031 F 유도발견형 스타일(T-TL-TL) 32
- 032 G 수렴발견형 스타일(T-L-LT) 33
- 033 H 확산발견형 스타일(T-L-LT) 33
- 034 I 자기설계형 스타일(T-L-L) 34
- 035 J 자기주도형 스타일[L-( )( )-L] 35
- 036 K 자기학습형 스타일(L-L-L) 35

Chapter 05 메츨러의 수업 모형 36
- 037 모형과 학습영역 우선순위, 학습자의 학습 선호도 36
- 038 주도성 프로파일 / 이론적 배경 37
- 039 모형 비교 37
- 040 1. 직접교수 모형 38
- 041 2. 개별화지도 모형 39
- 042 3. 동료교수 모형 40
- 043 4. 협동학습 모형 41
- 044 5. 스포츠교육 모형 43
- 045 6. 탐구수업 모형 45
- 046 7. 전술게임 모형 46
- 047 8. 개인적·사회적 책임감 모형 48

Chapter 06 교육과정 모형 50
- 048 체육교육과정 모형 50
- 049 체육교육과정 원천 50

050 체육교육과정 가치정향(사조)	51	066 불안	74
051 체육교육과정 모형	52	067 불안해소기법	75
052 포가티 통합적 접근	54	068 심리기술 훈련	76
		069 스트레스	76

PART 2 체육측정평가 및 통계

Chapter 07 통계 기초 — 58
053 기술통계 — 58
054 추리통계 — 60

Chapter 08 측정, 평가 — 62
055 측정, 평가, 검사 분류 — 62
056 검사의 종류 — 62
057 수행평가 — 63
058 체력검사 — 64

Chapter 09 통계 — 65
059 신뢰도/타당도 — 65
060 고전 검사 이론(= 고전 진점수 이론) — 66
061 문항 반응 이론 — 66
062 규준지향평가의 양호도 — 67
063 준거지향평가의 양호도 — 69

PART 3 스포츠 심리학, 운동제어학습

Chapter 10 스포츠 수행의 심리적 요인 — 72
064 성격 — 72
065 동기 — 72

Chapter 11 심리기술 훈련과 향상 — 77
070 목표설정 — 77
071 자신감 — 77
072 심상 — 78
073 루틴 — 78

Chapter 12 운동 심리학 — 79
074 운동의 심리적 효과 — 79
075 운동실천이론 — 79
076 운동실천 중재전략 — 80

Chapter 13 스포츠 심리학 — 81
077 사회적 태만현상(링겔만 효과) — 81
078 집단응집력 — 82
079 리더십 — 83
080 사회적 촉진 — 83

Chapter 14 운동 학습의 이론적 기반 — 84
081 운동기술 — 84
082 운동행동 연구 이론적 기반 — 85

Chapter 15 운동 제어 — 86
083 정보처리와 운동 수행 — 86
084 운동의 정확성과 타이밍 — 87
085 기억 — 88
086 주의와 운동 수행 — 89
087 운동의 협응(다이나믹시스템 이론) — 90
088 시지각과 운동 수행 — 91

이 책의 차례
Contents

Chapter 16 운동학습   92

089 운동학습의 개념과 이론   92
090 운동학습의 단계   93
091 연습계획 준비   93
092 운동기술 연습   94
093 피드백   95
094 운동학습과 파지   96
095 운동학습과 전이   97
096 초보자 숙련자 비교   97

PART 4 스포츠 사회학

Chapter 17 스포츠 사회학의 이해   100

097 스포츠의 개념   100
098 스포츠와 정치   101
099 스포츠와 경제   103
100 스포츠와 교육   104
101 스포츠와 미디어   104
102 스포츠와 사회화   105
103 스포츠로의 사회화 : 스포츠로의 참가 그 자체   106
104 스포츠를 통한 사회화 : 스포츠 사회화를 통한 결과, 가치＋태도＋기능 학습   106
105 스포츠로부터의 탈사회화 & 재사회화   107
106 스포츠계층   108
107 스포츠와 사회집단   109
108 리더십   110
109 스포츠와 여성   111
110 스포츠와 일탈   112
111 폭력과 집합행동(관중폭력)   113
112 순기능과 역기능 시리즈   114

PART 5 운동역학

Chapter 18 운동역학의 이해   118

113 운동역학의 기초   118
114 정역학   119
115 동역학   120
116 선운동학   121
117 선운동역학   122
118 각운동학   123
119 각운동역학   124
120 유체역학   126
121 일과 에너지   127
122 운동역학적 지식의 현장 적용   128

Chapter 19 공식 정리   129

123 선운동 역학공식   129
124 각운동 역학공식   130
125 선운동과 각운동 관계   131
126 삼각함수   131

PART 6 운동생리학

Chapter 20 운동생리학의 기초   134

127 에너지대사   134
128 운동대사   135
129 내분비계   137
130 신경계   139
131 근육의 구조와 기능   140
132 운동과 근골격계의 반응   141
133 근손상과 근피로, 근통증   142

134	호흡계	143	157	개화기(1876~1910)	169
135	가스의 운반	144	158	일제강점기(1910~1945)	171
136	운동과 호흡계의 반응, 환기량의 변화	145	159	현대(1945~)	172
137	순환계	146	160	민속 스포츠의 변천 정리	172
138	운동과 심장의 반응	146			
139	운동과 혈관, 혈류의 반응	147			

Chapter 21 운동생리학의 실제　　149

140	지구성 트레이닝 적응 후 최대하강도운동	149
141	지구성 트레이닝 적응 후 최대강도운동	150
142	환경과 운동	150
143	체력의 측정과 평가	151
144	트레이닝 / 운동처방	152
145	대사성질환을 위한 운동처방 신체구성, 체중조절, 비만	154
146	보건	154

Chapter 24 올림픽　　173

161	하계 올림픽	173
162	동계 올림픽	174
163	스포츠와 남북관계	174

Chapter 25 체육철학　　175

164	체육철학의 기초	175
165	스포츠 윤리의 기초	177
166	윤리 이론	179
167	총론	181
168	중학교·고등학교 시간/단위 배당 기준	183
169	체육과 교육과정 각론의 성격과 목표	184
170	체육과 중학교 영역 및 내용요소, 기능	185
171	[중학교 1~3학년 군] 교수·학습 방법 및 유의사항 / 평가방법 및 유의사항	186
172	교수·학습의 방향	187
173	교수·학습의 계획	188
174	평가의 방향	188
175	평가의 계획	189
176	평가결과의 활용	189
177	체육과 고등학교 영역 및 내용요소, 기능	190
178	체육과 교육과정 변천	192

PART 7 체육사 철학

Chapter 22 서양 체육사　　158

147	고대 그리스(B.C. 1100~)	158
148	로마(B.C. 800~476)	159
149	중세(300~1700) 18세기, 봉건제도	159
150	근·현대 유럽대륙(1800~) 19세기	161
151	근·현대 영국(1800~)	163
152	근·현대 미국(1800~), 1861년 남북전쟁, 20세기	165
153	서양 체육사의 아버지들	166

Chapter 23 한국 체육사　　167

154	삼국시대(300~668)	167
155	고려시대(918~1392)	168
156	조선시대(1392~1910)	168

● 참고문헌 / 194

실전 전공체육

PART 1
체육교육론

CHAPTER 1 학습과제개발과 전달

CHAPTER 2 메츨러

CHAPTER 3 링크의 수업 방식 / 교수·학습 전략 /
맥락적합 수업체제 7가지

CHAPTER 4 모스턴의 교수 스타일

CHAPTER 5 메츨러의 수업 모형

CHAPTER 6 교육과정 모형

Chapter 1
학습과제개발과 전달

Theme 001 학습과제개발

Rink 내용발달, 내용전개, 학습과제 단계화	🎧 시세확(내간)적 시작형(설명, 시범) 세련형(질향상) 확장형(난이도 + 복잡성 추가 = 내, 간) 적용형(경기, 변형게임, 실제게임)
- 확장형 과제 유형	과제 내 발달 : 한 기능을 여러 수준으로, 용·기구의 변형, 변화 과제 간 발달 : 한 기능에서 다른 기능으로, 기능의 변화
학습환경의 조직	🎧 사시공용 사람, 시간, 공간, 용·기구
학습과제 분석	절차적 분석 : 심동적 목표 위계적 분석 : 상위기능 수준 성취에 필요한 기능 탐색과정. 사회적 목표, 인지적 목표

Theme 002 개발된 학습과제의 전달

학습과제 전달의 순서	🎧 주설시학 주의집중(신호, 규칙과 절차) 설명(논리적, 발달단계 고려) 시범(학생 적극참여, 매체) 학습단서 🎧 간과연계
학습단서의 정의	학습과제의 가장 중요한 특징 전달할 때, 교사가 사용하는 단어나 구
- 좋은 학습단서의 특징	🎧 간과연계 간단하고 정확 : 핵심을 정확하게 드러내기. 정보의 양 조정 학습과제의 특성에 적합 : 폐쇄기능-동작자체, 시각단서 / 개방기능-지각단서 학습자의 연령이나 기능 수준에 적합 : 초보자, 어린 학생(전반, 결과, 양 제한), 숙련자(세밀, 과정) 계열적 조직 : 이마, 삼각, 당겨, 튕겨. 복잡한 과제 설명 요약
메츨러의 학습단서	🎧 언비결조시 언어, 비언어, 언어·비언어 결합, 조작단서, 시청각단서(매체)
- 조작단서의 정의	교사 의사전달 위해 학생 신체일부 이동시키는 체험적 단서

Theme 003 | 피드백

학생들 연습활동 중 교사의 역할	🎧 관피내적질 연습관찰, 피드백(강화, 교정), 내용수정하기(시세확적), 적극적 감독(위험), 질문하기
시덴탑 5가지 피드백	🎧 일비구교가(긍긍긍긍구구) 일반적 긍정적, 비언어적 긍정적, 구체적 긍정적, 교정적 구체적, 가치적 구체적
모스턴 4가지 피드백	🎧 가교중모 가치적 : 판단이나 가치가 기준이 되는 피드백, 긍정 / 부정 언어 진술 교정적 : 실수를 알려주고 수정사항을 제공하는 피드백 중립적 : 기술적, 사실적, 수정, 판단 없는 진술 / 천천히 말하렴, 듣고 있으니까, 오늘 5바퀴 돌았구나. 모호한 : 구체적인 정보가 없는, 잘못된 해석의 여지를 가지고 있는 피드백 / 최선을 다하지 않고 있구나, 아주 좋아, 괜찮아.
메츨러 9가지 피드백	🎧 제시방평 교양내일정 제공자, 시기, 방향, 평가, 교정적, 양식, 내용, 일치도, 정확성 내재, 외재 / 즉각, 지연 / 개별, 집단, 학급 / 긍, 부, 중립(모호) / 교정, 비교정 / 언어, 비언어, 결합 / 일반, 구체 / 일치, 불일치 / 정확, 부정확

Theme 004 | 질문

배어드(Baird) 인지적 활동에 따른 4가지 질문의 유형	🎧 회수확가 회상형(회고적) : 암기 수준 답 요구하는 질문, 하나의 정답이 있다. 수렴형(집중적) : 이전 배운 내용에 대한 논리적, 문제해결력 요구하는 질문으로 〈일정한 범위 내 옳고 그른 정답〉이 있다. 확산형(분산적) : 새로운 상황에 맞는 해결방안 요구하는 질문, 여러 개의 정답들 가치형 : 선택이나 태도 표현을 요구하는 질문, 옳거나 틀린 정답 없다.
블룸의 6가지 질문유형	🎧 지이적분종평 지식 - 말, 대답 이해 - 설명 적용 - 활용, 적용 분석 - 실수 찾아내기, 원리를 바탕으로 설명하기, 상황적합 전략수립 종합 - 경기계획, 종목 간 유사점, 차이점, 부분을 전체로 통합 평가 - 가치판단, 판정, 비교
메츨러의 질문 분류	🎧 수확 수렴형 질문(지이적) 확산형 질문(분종평) : 동작 대한 인지강화 위해 연상되는 이미지 질문
보리치(Borich) 후속질문	🎧 새명흐 새로운 정보의 요구○, 명료성 확보△, 흐름의 전환×

Theme 005 | 수업운영 및 수업관리시간, 예방적 관리기법과 관리전략

교사의 수업 행동	운영 행동 : 짝짓기, 학습자관리, 용·기구정리 지정하기 내용지도 행동 : 설명, 시범, 연습지시, 내용수정, 과제수정
관리시간	= 관리에피소드 + 대기시간(⇔ 유연성, 여세성)
효과적인 예방적 관리기법, 수업운영 효율성 높이기 위한 기술	🎧 초출절관수 초기활동 통제, 출석점검시간 절약, 절차훈련, 관리게임 활용, 수업흐름 유지
수업규칙 개발지침	🎧 명학전 긍일일강 명확, 학생의 연령 수준에 적합한 언어나 기호로 전달, 전달하고 기억하기 쉽게 5~8개 내용범주, 긍정적인 어법으로 진술, 학교규칙과 일관성, 일관성 있게 규칙적용, 강제적으로 부과할 수 없거나 그럴 의사 없는 규칙 만들지 않는다.
외적동기 유발시스템 (수반성수업운영, 프리맥의 원리, 강화)	− 주기, 빼기 / 바람직한 행동 ○×/ 좋은 강화물 ○× 정적 = 주기. 정적강화(○○, 상), 정적처벌(××, 벌, 적극적 연습) 부적 = 빼기. 부적강화(○×, 화장실청소 면제), 부적처벌(×○, 보상손실, 퇴장)

Sidentop,
학습자관리전략, 벌전략,
부적절행동 감소기술
	🎧 삭적퇴보
	삭제훈련 : 위반부재의 강화, 학생 특정 행동 관여×, 보상준다.
	적극적 연습 : 부적절행동 학생에게 바른행동 반복연습 시키기. 제1벌
	퇴장 : 수업방해행동 학생 수업 떨어진 곳에서 2분 수업참관 시킴, 사회적 접촉
	      단절되는 곳으로, 시간측정할 것. 제2유형의 벌, 부적처벌
	보상손실 : 수업방해행동 기록하고 3회 누적되면 좋아하는 농구스포츠클럽 대
	            회 출전 금지시키기, 제2유형의 벌, 부적처벌

Sidentop, 행동수정전략의 공식화	🎧 공계바대 행동공표 : 행동정의, 보상결정, 수반성 확립 행동계약 : 제3자, 교사, 학생들의 서명, 문서를 보며 약속대로 하기 바람직한 행동 게임 대용보상체계
윌리엄 & 아난담 수업 중 학생행동 유형	🎧 과적이방 과제관련행동, 적절한 사회적 상호작용, 과제이탈행동, 방해행동

Kounin,
학습파괴 행동을 예방하고
과제지향적 수업유지에 필
요한 6가지 교수 기술
	🎧 상동여유집학
	상황이해 : 학생들이 무엇을 하고 있는지 알고 있다고 전달
	        예 머리 뒤에 눈 있다.
	동시처리 : 배구토스 지도하면서 나머지 학생들에게도 시선유지,
	          수업운영 +내용지도 두 가지 일 동시에 처리하기
	여세유지 : 수업 활력있게 힘과 리듬의 조화를 이룬 수업진행
	유연한 전개 : 활동의 중단 없이 부드럽게 수업전개
	집간경각 : 모든 학생이 과제에 몰두하도록 유도
	학생책무성 : 과제 수행 목표 부여, 책임감 부여, 실제학습시간 증가

Kounin, 수업 흐름을 방해하는 6가지 교사행동	🎧 **동학중과탈세(집활)** = 수업의 여세와 유연성 파괴 동시처리의 미숙함 : 수업의 여세, 유연성 파괴 학습활동의 침해 : 부적절한 시기에 자기 멋대로 학생들의 현재활동 멈추는 것, 중도포기(활동중단)와 전환-회귀(중단-전환-회귀, 여세둔화, 유연성 파괴) 과잉설명 : 여세파괴 탈선 : 수업과 무관한 일에 정신을 쏟는 것 세분화 : 집단 세분화(대기시간)-용·기구 여러 개 / 활동 세분화-여세상실
Kounin 훌륭한 운영자의 3가지 특징	🎧 **상제동** 상황이해 제지의 명료성 : 행동에 대해 구체적인 피드백을 제공할 수 있는 능력 동시처리
Ornestein & Levine 부주의하고 파괴적인 학생 행동을 감소시키는 교수 기능	🎧 **신접긴상유비** 신호간섭 : 시선, 손짓, 손가락 접근통제 : 접근하거나, 접촉, 행동에 관심보이고 있다는 것 전달 긴장완화 : 가벼운 유머 곁들이며 수업진행, 수업분위기 긍정적 유도 상규적 활동의 지원 : 일반적 수업 습관 이용 유혹적인 대상의 제거 : 운동용구, 부주의, 파괴적 행동 조장 물건 제거 비정한 제거 : 파괴적 학생에게 물떠오기, 심부름 보내기
교사의 직접 기여행동	🎧 **안생진관피** 안전한 학습환경의 유지, 생산적인 학습환경 유지, 과제의 명확한 진술, 학생행동의 관찰, 피드백의 제공
교사의 간접 기여행동	🎧 **상교생활** 상해학생의 처리, 교과 외 주제의 대화, 생리적 욕구의 처리, 활동참가와 심판
교사의 비 기여행동	🎧 **소교방** 소방훈련, 교장의 훈시, 방문객

Theme 006 | 교수기능의 체계적 개발과 효율적 교수

Rosenshine & Frust 학업 성취도 관련변인	🎧 **명교수과내** 명확한 과제제시 : 과제 명확하게 전달하는 것 교사의 열의 : 활발하게 학습 진행하여, 긍정적 학습분위기 조성하기 수업활동의 다양화 : 지루함 느끼지 않고 과제에 몰두하도록 다양하게 과제지향적-능률적 교수행동 : 학습목표, 교과학습 중시하는 행동하기 수업 내용의 적절성 : 수업 내용이 학습자 능력에 적합해 참여시간 증가
교수기능의 발달단계	🎧 **초다동교자** 초기곤란단계(1인연습법, 동료교수법), 다양한 교수기능 학습단계(Fb), 동시적 처리 방법의 학습단계, 교수기능 적절한 이용에 관한 학습단계, 자신감과 예측력의 습득단계(쿠닌 상황이해 능력 습득)
교수기능 연습법	🎧 **1동마반소대실** 1인연습법 : 비디오, 거울 앞, 비언어적 행동, 언어적 의사소통 개선 동료교수법 : 동료 앞, 시범, 발문, 매체사용 교수기능 개선 마이크로티칭 : 실제학생 앞, 비디오 녹화, 구체적 교수기능 개선 반성적 교수법 : 학생앞 두 명 이상 교사 교수, 결과와 과정 반성, 협동 현장에서 소집단 단시간 교수법 : 소수의 학생 앞, 단시간 내용지도 교수기능 개선 현장에서 대집단 단시간 교수법 : 전체 학생 앞, 단시간 수업운영 교수기능 개선 실제교수 : 실제, 다양한 교수기능 적용(자신감과 예측력 습득단계)
체육수업 장학	🎧 **임동자** 임상장학 : 전문가 장학으로 수업 컨설팅 측면, 담당자와 심층적 분석 동료장학 : 동료교사가 수업에 들어가 관찰분석, 서로 문제해결, 개선 자기장학 : 수업운영기법 자료, 전문자료, 관련 서적 탐독
체육에 할당된 시간	학생들이 신체활동에 참여하도록 계획된 시간
- 운동참여시간 (Motor Engagement Time)	체육활동에 소비한 시간 준비운동, 정리운동, 기술연습, 반복연습, 체력훈련
- 과제참여시간 (Time On Task)	과제활동에 집중한 시간, 학습자가 학습과제에 실제로 투입한 시간, 학습과제에 대한 내재적 동기 수준, 교사의 행동이 영향 미친다.
- 체육 실제학습시간 (ALT-PE)	🎧 **집난높** 학습자가 과제에 집중하며 학습자 수준에 적정한 난이도의 학습과제를 높은 성공률(80% 이상)을 보이며 체육수업에 참여하는 시간
- 체육수업에서 학습자의 실제학습시간 적은 이유	수업 계획의 부적절성 교사의 수업운영 및 조직의 미숙함 : 이동시간, 대기시간 수업운영시간 대기시간(+ 이동시간) 줄이면, 과제참여시간, 실제학습시간 증가한다.

Theme 007 | 시덴탑(Sidentop) 교수·학습의 생태학적 관점, 체육수업 생태의 과제체계

시덴탑 교수·학습의 생태적 관점	🎧 운학사 운영 과제체계 : 수업활동 참여에 필요한 조직적, 행동적, 운영과제 학습 과제체계 : 학습내용에 참여하는 과제 사회적 행동 과제체계 : 학생들이 의도하는 사회적 상호작용 행동
알렉산더, 조건형성적 과제 전개 요구과제와 실천과제	교사의 언어적 기술에 의한 과제제시 되는 요구과제, 학생들의 요구과제 반응과 교사의 반응을 거쳐 학생들이 실제로 수행하는 과제. 과제의 경계파악

과제체계 타협	타협 : 과제의 수행조건, 기준 변화시키기 위한 학생의 노력
	- 과제체계 내 타협 : 교사가 과제제시 후 수정 or 학생이 스스로 제시받은
	  과제 수정하여 연습(연습형 스타일 학생초대전략 이와 유사)
	- 과제체계 간 타협 : 학생들로부터 운영 과제체계 협력을 얻기 위해 학습 과제
	  체계 경감 or 사회적 행동 과제체계 일정 범위 수용

Theme 008 | 현장개선연구

현장개선연구의 정의	체육수업에서 일어나는 문제점 인식과 해결하기 위해 교사 스스로 연구 주체가 되고 집단적으로 수행하는 교사연구, 수업개선의 목적 현장교사 동료교사, 대학연구자와 협동, 자신 교육실천 반성, 이해, 개선
Kemmis, McTaggart 현장개선연구의 순환적 4단계	🎧 문실관반 문제파악 및 개선계획 수립 : 발생, 예상 문제점 명료화, 현실적 계획 수립 실행 : 실천과 계획의 계속적 수정, 계속 타협, 절충 관찰 : 의도하지 않은 사건도 기록, 비판적 반성을 위한 자료수집에 주력 반성 : 개선계획 제대로 실천되었는지, 문제상황 해결하였는지 검토
Kemmis, MaTaggart 현장개선연구의 과정적 특징	🎧 역연집 역동적 : 4단계가 통합 실천 연속적 : 연구 순환적, 계속적 실행 집단적 : 협동적 반성, 개선 수행
체육수업 개선연구의 토대 - 탐구중심 교사교육	연구자로서의 교사 반성적 전문인(숀, 지식의 생산자 = 지식의 소비자)

Theme 009 | 교수활동 측정도구 : 전통적 교수평가법 / 체계적 관찰법

전통적 교수평가 방법	🎧 직목일체평 직관적 관찰, 목견적 관찰, 일화기록지, 체크리스트, 평정척도
- 직관적 관찰	장학사, 전체적 판단, 구체적 계획 없이 사용 - 문제파악 용이 / 신뢰성과 타당성 부족
- 목견적 관찰	기록하지 않고, 일정시간 관찰, 구체적 행동 관찰, 논의에 사용 - 관찰자의 기억에 의존, 기록해야 보완됨
- 일화적 기록	주관성 배재한 객관적 사실적 기록 - 정보손실방지, 환경적 맥락, 전체적 관점 그대로 기록 가능 / 자료해석에 통찰력, 시간 필요, 객관적 기록 위한 훈련 필요
- 평정척도(+ 루브릭)	질적 판단을 양적 기술한다. 체크리스트 + 수준(3, 5, 7)에 따른 점수부여 - 질적 차원 기록에 적합 / 구체적 정의와 명확한 기준설정 필요
체계적 관찰법	🎧 사지동시(순집) 사건 기록법(반), 지속시간 기록법(지), 동간 기록법(반지, 초), 시간표집법(순간, 집단)
- 사건 기록법	- 행동의 반복성, 불연속 행동 발생빈도 양적 정보 획득에 유용 / 맥락 파악엔 비효과적
- 지속시간 기록법	- 행동의 지속성 - 수업 전반에 걸친 타당하고 신뢰성 있는 정보 획득(학생의 참여 정도 : 시간 측정) / 측정행동 정의를 정확하게 해야 함
- 동간 기록법(초)	- 행동의 반복성 + 지속성, (30)초 단위, 시간 간격 짧을수록 타당, 신뢰 동간의 시작부터 끝까지 관찰 & 기록, 녹음기 이용하여 초세기 - 행동이 순서대로 기록되므로 계열성에 관한 정보 획득 장점 : 체육 실제학습시간(ALT-PE) 측정 가능 단점 : 간격 내 여러 행동 나타날 경우 기록할 행동 선정의 문제
- 시간 표집법	순간적 집단 시간표집(분)	개별 위치, 행동 기록, 분단위, 동간 종료 시점에서의 위치, 행동, 사건 관찰
	집단적 시간표집(초) 플라첵	- 전체 사람수 기록, 초단위 장점 : 수업 전반 특징 수집 단점 : 행동범주에 대한 명확한 정의가 안 될 경우 신뢰성 문제, 신속하게 변하는 행동 관찰에 부적합(피드백)

Theme 010 | 체육수업 비평

혼성학급 체육수업의 장점	🎧 올사여 올바른 성의식 함양, 사회성 함양, 여학생 기능향상
혼성학급 체육수업의 단점	🎧 동시내 동일한 목표와 평가 설정의 불이익 발생, 시설 및 탈의실, 수업내용 선정의 어려움
혼성학급 체육프로그램 개발	목표 : 통합적 목표 내용 : 심인정 모두 학습(기능중심 지양) 방법 : 과정 + 결과, 질적평가, 수행평가
Napper-Owen 체육수업에서 불평등 요소 (메츨러)	🎧 상성학특선교 상위 수준 기능 학생 중심으로 수업 조직, 성에 따른 학생집단 조직, 학생의 다양한 학습유형 반영하지 않는 교수법 사용, 특정 집단의 학생을 선호하는 교사와 그 학생과의 상호작용, 선입견이나 편견, 교사의 부적절한 역할모델
바비, 스와싱 학습유형	🎧 시청신 시각형, 청각형, 신체운동형-환경 상호작용 사용 감각양식 따라 분류
Witkin 학습유형	환경 대한 인지반응 방식 분류 : 장의존형, 장독립형
Dale 경험의 원추	🎧 행시추 (브루너-동영상) 구체성과 추상성을 기준으로 분류 행동적 경험(경기실시, 시연, 경기관람), 시청각적 경험(영상), 추상적 경험(설명)

011 | 현대 체육 프로그램과 수업

전통적 수업	일제식 수업 : 교과강조 / 질서교육
	아나공 수업 : 학습자 흥미 / 체계적 지도 부재, 실질적 흥미 아님
현대적 수업	효과적 수업 : 체계적 지도로 실제학습시간 증대 목적
	반성적 수업 : 학생의 자아실현, 수업기회 균등 목적, 반성, 현장 개선 연구
좋은 수업	4가지 수업의 장점 조화시키기 : 교과, 흥미, 효율, 반성
Rink의 체육 수업방식	교육성과 위해 일시적 사용, 맥락적합 수업방식
Moston의 체육수업 스펙트럼	수업목표에 적합한 '스타일' 선정과 활용, 에피소드별 계획 수립
Metzler의 체육 수업모형	일관성 있고 장기적인 교수·학습의 설계도, '모형'으로 단원계획 수립

3 비교조직자		링크	모스턴	메츨러
	– 과제제시 방법	과제 카드 (과제 포스터)	과제 활동지, 기준용지, 과제카드	개인 학습지
	– 짝 구성 방법	우수–부진 짝짓기 Ernst & Pangrazi 협조적(협동, 문제해결) 기능차이(코칭) 기능유사(짝 경쟁)	초기 : 학습자 스스로 선택(의사소통의 편의성) 후기 : 모든 학생과 짝(사회성 발달)	동료교수– 수준별, 차이별
	– 피드백 방법	–	가교중모	제시방평 🎧교양내일정

Chapter 2
메츨러 : 모형의 주도성 프로파일 적고 시작하기

012 모형 중심 체육수업의 의미와 구성

모형 중심 체육수업의 장점	🎧 **일영주타** 일관성 있고 장기적인 교수·학습의 설계도(목표-모형-활동-평가) 학습우선영역과 영역 간 상호작용을 명백히 한다. 수업의 주제를 제시한다. 타당성 갖춘 학습평가 가능하게 한다.
Reichmann & Grasha 학습 선호 분류 차원, 학생의 발달요구사항	🎧 **학태교시수반 : 참회, 협경, 독의** 학습에 대한 태도 : 참여적 / 회피적(활동 의지 낮음, 함께 참여 꺼림) 교사와 동료에 대한 시각 : 협력적 / 경쟁적(잘하고자, 시합 좋아함) 수업절차에 대한 반응 : 독립적 / 의존적(자신감 부족, 교사 지시에 의존)
Shulman의 7가지 교사지식(1순위)	🎧 **목내방교 환학학** 교육목적지식, 내용지식, 지도방법지식, 내용교수법지식, 교육환경지식, 교육과정지식, 학습자와 학습자 특성 지식
- 지도방법지식	모든 교과에 적용되는 지도법에 대한 지식 일반적 모둠구성, 수업운영, 학습자 관리전략
- 내용교수법지식(PCK) 정의	특정 학생에게 어느 교과나 주제를 특정한 상황에서 지도할 수 있는 방법에 대한 지식 📖 교과내용과 학습자 관리 학습자 과제제시와 같은 교수방법 고려하여 수업상황에 맞게 체육수업 모형으로 통합하고 재구성, 성공적 참여경험 주기(사람, 시간, 공간, 용·기구 변형하고 활용하여 수준별 수업이나 동료교수법 적용하기, 학습활동의 재구성)
- 교육과정 지식 정의	각 학년의 발달단계에 적합한 내용과 프로그램에 대한 지식 교과협의회 통해 적합한 신체활동으로 연간계획 수립하기
Metzler의 3가지 교사지식	🎧 **명절상** 명제적 지식, 절차적 지식, 상황적 지시
- 명제적 지식의 정의	구두나 문서로 표현할 수 있는 지식, 아는 것 이론강의
- 절차적 지식의 정의	수업 전·중·후 적용할 수 있는 지식, 명제적 지식의 적용, 수업관리 (교수·학습 과정안 작성, 리드업 게임, 정확한 피드백 제공)
- 상황적 지식의 정의	특정한 상황에서 적절한 의사결정을 언제, 왜 해야 하는지 아는 것(리드업 게임에서 정식 게임으로 전환시기 알기, 참여 꺼리는 학생 동기부여, 학습활동 변형)
*라일의 지식	🎧 **명방** 명제적 지식 - 이론, 규칙 설명할 수 있다. 방법적 지식 - 실기, 몸으로 구현, 규칙 지킬 수 있다.
*메츨러의 질문	🎧 **수확** 수렴형 질문 / 확산형 질문

Theme 013 | 모형 중심 체육수업 학습동기 / 학습영역 / 학습내용

브로피(Brophy) 동기유발 전략의 선행조건, 첫 번째 수준	🎧 **지도의적** 지원환경, 적절한 도전의식, 의미 있는 학습목표, 적절한 교수전략
브로피(Brophy) 동기유발 전략 두 번째 수준	🎧 **기외내** 성공 기대감 유지하여 동기화, 외적보상 제공하여 동기화, 내적동기 이용하여 동기화
Bloom 인지적 영역	🎧 **지이적분종평** 지식, 이해, 분석, 종합, 평가
- 분석	실수를 찾아낼 수 있다. 상황전략 세울 수 있다.
- 평가	상반되는 의견 있는 상황에서 가치를 판단하는 능력, 판정할 수 있다.
Halow 심동적 영역	🎧 **반기지신복운 (동능능 능술능)** 반사동작, 기초능력, 지각능력, 신체능력, 복합기술, 운동해석능력
- 신체능력	기초기능 + 지각능력 결합, 단순 기술 움직임 생성할 수 있다. 따라하기
- 복합기술	신체능력 결합하여 효율적 상위 기술 배울 수 있다. 훈련 완수한다.
- 운동해석능력	신체 움직임 통한 의사소통, 감정사고의미 표현할 수 있다.
Krathwohl 정의적 영역	🎧 **수반가조인** 수용, 반응, 가치화, 조직화, 인격화
- 수용	보고, 들을 수 있다.
- 반응화	찬반 토론할 수 있다. 이유
- 가치화	규칙준수의 필요성 설명할 수 있다. 행위의 중요도
- 조직화	목표를 설정하고 노력할 수 있다. 가치의 우선순위 결정, 판단을 위한 조직화
- 인격화	수업시간 이외의 활동에서도 게임 규칙과 예절을 지킬수 있다.
타일러의 학습목표	🎧 **내행** 내용 + 행동
Magor의 학습목표	🎧 **조기행** 조건, 기준(심인정 학습영역 위계에 따라 수준 설정), 행동

Theme 014 | 모형 중심 체육수업 교수전략

예방적 관리계획-도입단계 관리전략	🎧 **수특예** 수업계획의 게시, 특별수업의 공고(날씨), 예비활동(체육관 들어오자마자 몰입할 수 있는 예비활동 제기)
학생안전 극대화	🎧 **동적일** 동료경고체계, 적극적 감독, 일관성 수업관리
과제분석	절차적 분석, 위계적 분석
과제전개전략 (cf. 링크 내용전개, 내용 발달-시세확적)	🎧 **완시** 완전학습지향 과제전개(수행기준 95%, 수용비율 90%) vs 시간지향 과제전개(수업계획표 기준)
움직임 기능의 분류	🎧 **비이물도 전움표** 비이동기능, 이동기능, 물체조작기능, 도구조작기능, 전략적 움직임과 기능, 움직임 주제, 표현 및 해석적 움직임
심동적 영역 우선 학습활동	🎧 **기리변스** 기능연습(drill) : 통제된 상황, 여러 번 반복 리드업 게임 : 정식 게임을 단순화, 한두 가지 기능에 초점 변형 게임 : 규칙변형, 전략 활용 기회증가 스크리미지 : 전술학습 목적, 티칭모멘트 언제나, 장면 반복
연습과제의 분절 및 나열 - 리드업 과제구조	🎧 **슬역리 언미변** 슬로우모션, 역방향연쇄동작(적-확-세-시), 리더따라하기, 언어정보제공, 운동기구 미사용, 운동기구 변형 학습 질 극대화, 교사 보조 없이 연습하는 단계 이르도록 패턴 습득
게임기능과 내용발달	🎧 **통복간게** 통제능력의 획득, 복잡성의 추가, 간단한 게임전략 구사, 게임의 수행
폐쇄기능의 과제전개	🎧 **부장조** 전체-부분, 장비변형, 연습조건변형
개방기능의 과제전개 및 티칭모멘트	🎧 **폐개리실** 폐쇄기능, 개방과제 몇 가지 기능, 리드업 게임(tm), 실제 게임(tm)
Metzler 단서	🎧 **언비결조시** 언어, 비언어, 언어-비언어 결합, 조작, 시청각 단서
Metzler 피드백	🎧 **제시방평교양내일정** 제공자, 시기, 방향, 평가, 교정적, 양식, 내용, 일치도, 정확성
Metzler 질문	🎧 **수확** 수렴형 질문, 확산형 질문

Theme 015 | 모형 중심 체육수업에서 학생평가

평가시기	수시평가 : (진단평가) 최신정보 제공, 학습진도 의사결정 형성평가 : 정기적, 중간단계 피드백 총괄평가 : 단원 끝난 후
평가기준(준거), 기초원리수행	규준지향평가 준거지향평가
평가계획의 조직	비공식적 평가 : 질문, 이해점검, 대화, 관찰, 구두 공식적 평가 : QMTPS(체크리스트), 집단 프로젝트, 개인일지

Theme 016 | 메츨러(Metzler) 전통평가 / 대안평가 / 실제평가

1) 전통적 평가의 유형	🎧 비표체지 비공식적 관찰법(문답), 표준화된 기능검사, 체력검사, 지필검사(이해력)
- 전통적 평가의 장·단점	장점 : 높은 신뢰도, 객관성 단점 : 학생에게 향상 방향 제시×
2) 대안평가(수행평가, 루브릭) 유형	🎧 집체일포루 집단연구 : 모둠별, 연구보고서 체크리스트 : 교사, 동료, 자기, 직 + 간 평가자 행동 개인일지 : 학생의 느낌과 생각 기록 포트폴리오 : 변화과정, 자기반성 및 평가 루브릭 : 지속적 피드백, 기준 미리 제시, 객관도 향상, 수준 적합 점수 배정, 　　　　정의적 영역 평가 가능, 다양한 평가요소 반영
3) 그 외 평가	양적평가 : 체크(자기, 상호평가), 경기수행능력평가(경기결과 : 심 + 인) 질적평가 : 실천보고서, 학습일지, 학습과정평가, 관찰기록
- 대안평가(수행평가, 루브릭) 장·단점	🎧 객지여사 / 시간 장점 : 객관성 유지, 루브릭으로 교사의 편파성 제거 　　　학습의 과정과 결과에 대한 지속적 피드백 제공, 향상 방법 제시 　　　여러 가지 방법으로 학습 결과 평가 가능, 다양한 영역 평가 　　　사전에 루브릭 수행기준 알려줌(평정척도), 학습방법 배움 단점 : 평가방법 제작, 완성, 해석에 많은 시간 소요
- Goodrich 루브릭 만드는 7단계	🎧 모기질 연자수교 * 사전에 기준 공유 모형보여주기, 기준의 열거 및 논의, 학습의 질적 단계 명료화, 모형에 근거한 연습, 자기평가와 동료평가의 활용(피드백 제공), 수정하기(주어진 피드백 기 초), 교사평가 실시하기
4) 체육에서의 실제평가의 유형	실제상황이나 모의상황에서 시행되는 평가, 게임수행평가도구(GPAI)
- 게임수행평가도구(GPAI)	🎧 의기보 돌적커가 의사결정하기, 기술수행하기, 보조하기, 돌아오기, 적응하기, 커버하기, 가드하기

Chapter 3
링크의 수업방식 / 교수·학습 전략 / 맥락적합 수업체제 7가지 🎧 적과질 동협자팀

Theme 017 | 1. 적극적 수업(= 상호작용 수업)

개념	교사중심, 기능중심, 초보자, 〈구조화된 교과〉, 계열성 있는 과제
특징, 장점	효율적 수업, 학습경험이 상호작용적, 내용전달 즉각적 확인, 조정 교사의 선택, 전달, 피드백, 평가, 낮은 인지 수준의 질문, 학생행동관리 구조화
단점	심동적 영역에만 치우친 수업 교사의 철저한 계획성과 전문성 필요(수업운영, 수업내용, 피드백)

Theme 018 | 2. 과제식 수업[= 스테이션(순환) 수업]

개념	학생들이 동시에 서로 다른 학습과제 연습, 이동하는 수업환경 조직 과제카드 + 스테이션
과제카드의 장점	과제참여시간 증가 교사와 학생 의사소통 효율성 증가
장점	🎧 능기미 학습자 학습에 능동적 참여(자신이 흥미 있는 과제부터 가능) 다른 수준의 기능 한꺼번에 연습 학생들이 내용을 충분히 배울 수 있는 방식으로 학생 수에 적정하게 물리적 공간, 시간 효율적으로 미리 준비할 수 있다.
단점	🎧 과새질 과제진척의 문제(수평적 과제조직 필요, 계열적 과제 순환×) 새로운 기능이나 복잡한 기능학습에 부적합 명확한 관리체계 부재 시 수업의 질 낮아짐

Theme 019 | 3. 질문식 수업

개념	적극적 수업의 변형으로 계열화된 질문으로 과제를 제시하는 수업방식
특징	과학적 원리, 움직임 원리, 개념, 지식 학습과정이 결과만큼 중요, 내용의 개별화 가능 교사는 질문 제기, 학생은 스스로 탐색과 발견, 문제해결
장점	학습과정 중시한다. 내용의 개별화가 가능하다. 고등인지 능력 향상
단점	다양한 운동기능 학습에 비효율적 인지영역 강조에 치우칠 우려

Theme 020 | 4. 동료 수업(= 또래교수)

개념	학습과정에서 동료와 도움을 주고받으며 과제를 학습하는 방식 1 : 1 지도상황으로 개별화된 학습 촉진(심 + 인 + 정)
특징	교사가 제작한 과제카드로 학생들이 개인지도 한다. 기능이 우수한 학생이 비우수한 학생 가르칠 때 효과적
링크의 짝짓기	과제 전달 효과 높이기 위해 능력 수준차 고려하여 우수학생과 부진학생 짝 구성한다. 코칭 기능이 중요한 경우 기능 수준이 차이나는 학생 짝 짝끼리 경쟁해야 하는 과제는 기능 수준 비슷한 학생 짝 - 반편견 교수목표에 기여하는 학습공동체 가치 존중
장점	1 : 1 지도상황으로 개별화된 학습 촉진(심인정) 가르치는 학생 : 관찰, 분석력, 운동기능, 사회적 기능, 책임의식, 학습과정 기술 함양
단점	교사의 명확한 수행기준 제시 필요 학생의 역할 이행 책임감과 사회성 필요 동료교수 관계 형성 위한 시간 필요

Theme 021 | 5. 협동적 수업(= 협동학습)

개념	서로 다른 능력을 가진 학생들이 하나의 모둠을 만들고, 각자의 임무와 역할을 수행하여 주어진 목표를 함께 성취하는 과제학습방식 교사가 과제 안내, 학생들 스스로 과제제시, 성취방법 결정. 교사가 최종평가
교사의 팀 선정 전 직접적 사전교육	역할 – 책무성 협동방법
장점	사회성, 역할, 학생책무성, 팀보상(상호의존적) 학습 과정(협동방법)과 결과(학습목표)에 대한 책무성 함양

Theme 022 | 6. 자기지도식 수업(= 개별화 수업, 계약학습, 개인화 수업 체계)

개념	교사의 직접적인 지도나 감독 없이 학생들 스스로 일련의 학습활동 진행하는 것. 분명한 숙달기준 정해야 함(결과, 양)
특징	교사의 수업자료 개발 노력과 결과가 중요 학생은 자율학습에 대한 강한 책무성이 중요
장점	학습에 대한 자율권 부여 학생들 자신의 능력에 맞는 학습과제 선택 가능 미리 계획된 학습내용 진행으로 과제참여 시간증가
단점	교사는 수업자료 사용방법과 수업진행평가에 대부분 시간 소비 수업매체 준비와 평가자료 준비에 긴 시간 소비

Theme 023 | 7. 팀티칭(= 협력교수)

개념	두 명 이상의 교사들이 팀을 이루어 동시에 한 학급 학생들을 지도하는 방식
유연한 소집단화	학습자들의 기능 수준, 관심, 흥미 등 개인차를 바탕으로 집단 구성과 교수전략을 유연하게 활용할 수 있다. 개별적 과제제시, 수준별 학습
개별적 도움	보조교사는 도움을 필요로 하는 학습자를 파악하여 개별적 지도를 제공할 수 있다.

Chapter 4
모스턴의 교수 스타일 : 교수 스타일 구조 적고 시작하기

Theme 024 | 수업 스펙트럼과 교수 스타일

수업 스펙트럼의 선정	수업목표 달성에 적합한 '스타일' 선정과 활용 단원 목표－학습자 특성－단원 교수·학습 내용 교수 스타일군(모사－창조), 의사결정자(교사－학생), 학습영역(심인정)
스펙트럼 형성과정, 패러다임의 전환	🎧 비보일 비대비 접근(거부하지 않고 포괄), 보편적인 주장(개인적인 주장 대신), 일관적인 용어의 활용
수업 스펙트럼의 필요성	🎧 개학복통 개인 스타일의 주장, 학생 집단의 다양성 반영(학생의 학습 유형), 복합적인 교육 목표 달성(단원 목표), 통합적인 수업 구조의 필요성(단원 교수·학습 내용)
스펙트럼의 6가지 가정	🎧 대구의 스군발 대전제, 교수 스타일의 구조, 의사결정자, 스펙트럼, 교수 스타일군, 발달효과
1) 대전제의 정의	교수는 연속되는 의사결정의 과정이다.
2) 교수 스타일의 구조	전·중·후 시기가 아닌 목적(계획, 실행, 평가)에 의한 분류 과제활동 전 결정군 : 계획, 목표, 교수·학습 진행 전 결정사항 과제활동 중 결정군 : 실행, 교수·학습 상황에서 결정사항 과제활동 후 결정군 : 평가와 관련된 결정사항
3) 의사결정자	교사 or 학생
4) 스펙트럼	과제활동 전·중·후에 교사와 학생 중 누가 어떤 의사결정을 내리는가에 따라 수업 스타일이 구분된다.
5) 교수 스타일군	모사(재생산) 중심(지연상자포) : 암기, 회상, 파악, 분류 ---------------------발견역치--------------------- 창조(생산) 중심(유수확설주학) : 문제해결, 합리적 사고, 창조 가변적인 학습주제, 개념, 원리, 전략으로의 지식이 주제로 선택 가능
6) 발달효과	🎧 신사정인도 신체적, 사회적, 정서적, 인지적, 도덕적

기존 지식 재생산 / 발역 / 새로운 지식 생산 🎧 지연상자포 / 유수확 / 설주학

	지시형	연습형	상호 학습형	자기 점검형	포괄형	유도 발견형	수렴 발견형	확산 발견형	자기 설계형	자기 주도형	자기 학습형
전	T	T	T	T	T	T	T	T	T →	L →	L
중	T →	L	Ld	L →	L →	TL →	L →	L →	L →	( ) →	L
후	T	T →	Lo →	L	L →	TL →	LT	LT →	L	L →	L

025 A 지시형 스타일(T-T-T)

개념	교사주도적, '정확한 수행' 교사가 지시하는 대로 운동수행, 반응을 보인다. <u>수업의 효율성</u> 높다.
교과내용 목표	본보기 모방, 정확 수행, 기술숙달, 효과적 시간사용 교과내용 숙달, 문화적 전통과 의식 보존할 수 있다.
행동 목표	그룹의 기준에 맞추어 단체정신 강화하며 일체가 되는 모습 보인다. 집단 규범으로 사회화한다, 지시신호에 따른다, 안전절차 내면화한다. 획일적, 안전절차, 문화 전통 보존, 소속감
전 – T	교사가 과제활동 전·중·후 모든 의사결정한다.
중 – T	교사의 자극과 학습자 반응의 즉각적 관계 : 설명, 시범, 피드백, 단서 제공 학생 적극적 참여 : 교사가 내린 결정 사항들과 지시에 정확하게 따른다.
후 – T	교사의 피드백 제공, 수업운영시간 축소, 적극적 과제참여시간 매우 높다.
특징(목표)	🎧 **자완과** 반응 자동화 : 절차, 안전, 전 학급 동시 성공 경험 설계 완전 숙달 : 정확성, 반복학습, 문화적 기준, 자극-반응 경험 설계 높은 과제참여시간 증가 : 수업 효율성 강조

Theme 026 | B 연습형 스타일(T – L – T)

개념	교사가 제시한 과제 학생들이 정해진 시간 동안 9가지 의사결정하며 독자적 연습
교과내용 목표	스스로 과제 개별적 연습을 통해 내용을 학습하고 내면화한다.
행동 목표	9가지 의사결정을 실시함으로써 학습자의 독자성을 초보적 수준에서 경험한다. 각 과제와 시간과의 관계, 속도, 시간관리 의사결정 결과에 책임지는 자세 배운다.
전 – T	교사 교과내용과 수업운영 절차 결정
중 – L	교사 : 학습자와 1 : 1 개별적 피드백, 상호작용 제공 학생 : 9가지 의사결정(장소, 시간, 속도), 연습 시 학생 간 대화 억제
후 – T	교사가 평가 : 과제 관련 피드백, 의사결정 관련 피드백
과제활동지 설계 – 과제구조, 내용	무엇을, 어떻게 수행, 교수·학습 스타일, 과제의 양, 단서, 학습진도 기록
과제활동지의 설계 – 목적, 효과 (= 과제카드, 기준용지)	🎧 과외교진 ① 과제참여시간의 효율성 높인다. ② 교사학습자 간 의사소통 발전 ③ 교사의존성 축소 ④ 학습자의 진도 기록
연습형 스타일의 소환기법	연습 중 많은 학습자 과제수행 or 의사결정 과정에서 동일 오류 범하는 경우, 활동중단 후 학생 집합하여 설명 시범하고 돌려보내 연습 지속
연습형 스타일의 학생초대 전략	학습 수준을 학습자 스스로 조절하고 평가는 교사가 하는 방식

027 | C 상호학습형 스타일(T – Ld – Lo)

개념	짝과 상호관계 속에서 학습하며 교사가 제시한 수행기준으로 짝에게 피드백 제공하기
교과내용 목표	① 교사의 지속적 관찰 없이도 짝과 함께 과제활동지를 사용하여 학습을 지속한다. – 관찰자(운동수행 비교, 대조, 평가), 수행자(반복연습, 내면화) ② 지정된 관찰자와 수행자 역할을 반복함으로써 내용을 학습, 내재화
행동 목표	① 동료와 함께 피드백을 주고받는 방법 학습한다. ② <u>사회적인 태도 학습한다.</u> 상호작용 기술 발전시킨다.
전 – T	교사가 모든 교과내용, 수업운영절차, 수행기준 선정, 설계
중 – Ld	**교사**: 수행자, 관찰자, 교사의 역할 설명하기 기준용지에 수행기준 설계한 것 제시하기 관찰자와만 관찰, 피드백, 의사소통, 피드백, 질문에 답변하기 **학생**: 관찰자 : 기준용지 활용하여 즉각적, 지속적 피드백 제공 🎧 기관비결피 수행자 : 9가지 의사결정 내리며 학습과제 연습
후 – Lo	학생 관찰 기준용지를 바탕으로 학생 수행자에게 피드백 제공, 교사로부터 학생에게로 과제활동 후 의사결정권 최초 이행
모스턴 상호학습형 스타일 짝짓기	① 초기 : 의사소통의 편의성 위해 원하는 사람을 학습자 스스로 선택한다. ② 후기 : 사회성 발달 위해 모든 학생과 짝을 한다.
관찰자의 피드백 방법	🎧 **기관비결피** 기준을 안다, 관찰자는 수행자의 과제수행 정확하게 관찰한다, 기준과 비교 대조한다, 결론을 도출한다, 피드백을 제공한다. 지속적, 즉각적
– 기준용지의 내용	과제 설명, 그림 포함 시각화 단서 잠재적 문제 설명, 언어적 피드백 예시, 관찰자 역할 환기
– 기준용지의 목적	관찰의 행동 지침 결정 교사와 관찰자 상호작용의 토대
상호학습형 스타일에 대한 잘못된 인식	과제참여시간이 줄어드는 것이 아니라, 학습자가 관찰자의 역할을 번갈아 맡음으로써 <u>심동적 영역에서 인지적 영역까지 과제참여하고 학습수행에서 연습의 효율성 증가한다.</u>

028 | D 자기점검형 스타일(T-L-L)

개념	학습자가 과제 독자적 수행, 자신의 과제수행 오류 수정, 스스로 평가 학습자의 독립성 존중, 자기평가능력 존중
교과내용 목표	① 독립적으로 과제를 수행, 스스로 평가, 오류 수정 ② 운동감각 지각력 발전, 자동화되도록 숙달
행동 목표	① 자신의 과제수행을 확인할 수 있는 평가기준을 사용하고 정직성을 유지한다. ② 독립심, 개인동기, 내적동기, 정직성, 유능감
전 – T	교사 : 교과내용, 수업운영 절차, 평가기준 결정
중 – L	교사 : 교사가 기준용지로 과제 직접 제시 학습자와 상호작용, 대답해 주기 학생 : 개인연습 : 학습자 연습형에서 익힌 9가지 의사결정하며 개인연습 자기평가 : 제시받은 기준과 비교–대조–결론 도출하며 스스로 과제 연습과 과제수행 점검
후 – L	학습자 수행기준에 비추어 스스로 자기 평가, 피드백(보고서 작성 제출) 상호학습형에서 익힌 비교–대조–결론 도출 능력 자신에게 적용 숙련자 인지적 참여 강조 : 운동감각, 자기평가 가능 초보자 : 결과 성공 여부로 과제수행 판단 평가
과제설계방법	① 모든 학습자 동일 과제 ② 차별화된 과제 : 교사가 직접 각기 다른 과제 부여
기준용지, 과제활동지	양적으로 나타나는 결과만 평가할 수 있다. 질적 × 내용 : 운동기술 계열화, 단서 제공, 자주하는 실수 목록, 평가기준

Theme 029 | E 포괄형 스타일(T-L-L)

개념	학습자들 동일 과제에서 다양한 난이도 스스로 선택하고 참여하는 방식 과제수행능력의 개인차 수용, 성공참여 보장하는 출발점 제공, 학습자는 끊임없는 참여와 발전기회 발견
교과내용 목표	동일 과제 다양한 난이도(출발점) 제공, 학습자 스스로 출발점 선택, 모두에게 평등한 학습기회 제공, 계속적 참여기회 제공, 내용수정 의사결정 기회 제공
행동 목표	학습자가 초기 과제수행 수준 의사결정한다. 자신의 기대 수준과 현재 능력 수준의 일치 또는 차이를 경험한다.
전 – T	교사 과제활동 전 교과내용, 수업운영 절차, 과제의 난이도 계열적 설계
중 – L	교사: 교사가 수행할 과제 다양한 난이도로 평가기준 결정하고 제시 학습자가 선택한 출발점 수준에 대해 가치중립적인 피드백 제공 학습자와 의사소통 – 개별 피드백 제공 학생: 학생이 처음 수준 직접 결정 자신이 성취할 수 있는 수준 조사, 개별 시작점 스스로 선택하여 과제연습 수행, 수정, 평가기준에 맞추어 자기 수행 점검
후 – L	학습자 제시받은 평가기준에 맞추어 자기평가, 다음 수준으로 옮겨갈 시점 스스로 결정한다. 과제 수준 높이거나 낮추거나 유지할 수 있다. 자신의 기대 수준과 현재 능력 수준의 일치 또는 차이를 발견한다.
학습자 선택 수준에 대한 피드백	과제수행 중, 가치 중립적 피드백 (= 수행 후, 가치중립적 피드백, 확산발견 스타일)
특징	지시형~자기점검형S – 동일과제 동일 난이도 　　　포괄형 스타일 – 동일과제 다양한 난이도 모두에게 평등한 학습기회 부여, 학습자 스스로 처음 수준 결정 및 이동

Theme 030 | 발견역치

개념	모사중심 스타일과 창조중심 스타일 사이의 구분선
모사중심(재생산)	기존 지식 재생산 교수 스타일군 🎧 **지연상자포**
창조중심(생산)	새로운 지식 생산 교수 스타일군 🎧 **유수확 설주학**

Theme 031 | F 유도발견형 스타일(T – TL – TL)

개념	미리 결정되어 있는 해답을 교사의 연속적인 수렴적 질문들을 통해 학습자가 발견하도록 유도하는 방식 예) 움직임의 과학적 원리
교과내용 목표	과제의 개념, 원리를 발견한다, 유도발견 과정을 경험한다.
행동 목표	발견역치를 뛰어넘는다, 발견의 희열을 경험한다. 수렴적 발견과 인지적 경제성을 가르친다.
전 – T	교사가 교과내용, 수업운영 절차, 평가기준, 질문 설계, 모든 결정권 미리 정해진 원리나 개념을 발견하도록 인지적 경제성 고려하여 논리적, 계열적 질문 설계
중 – TL	교사와 학생 지속적 상호작용, 문답적 상호작용 중시, 해항피수 교사 : 연속적, 계열적인 질문, 주기적 긍정적 피드백(교정적 피드백 ×) 학생 : 일련의 질문에 대답하며 미리 정해진 해답 발견하도록 유도
후 – TL	교사와 학생 지속적, 주기적 상호작용 교사 : 학생의 개념발견 인정하기, 칭찬하기, 피드백이 곧 전체평가, 동기부여
인지적 경제성	최대한의 효율성으로 학습자를 표적 개념으로 유도 유도발견은 인지적 경제성을 위해 설계(= 지시형의 효율성)
유도발견형 스타일 성공적 실행 규칙	🎧 해항피수 해답을 미리 말하지 않고, 항상 학습자의 반응을 기다리며 피드백을 자주 제공, 수용적이고 인내하는 분위기 조성 유지, 수렴적 질문 사용
고려사항	기억, 회상하는 목표 아닌 원리나 개념 발견하도록, 학습자들이 모르는 것 1 : 1 상황에서 최고의 결과, 개별적 실행이 더 효과적. 내용 알면 연습형S SDMR : 자극 – 인지적 불일치 – 사색(탐색) – 해답
유도발견의 사다리	자극 – 인지적 불일치 – 사색(탐색) – 해답

032 | G 수렴발견형 스타일(T-L-LT)

개념	미리 정해진 해답을 교사의 단일질문에 학습자가 다양한 인지작용으로 스스로 발견하게 하는 방식, 원리 + 원리, 일반 법칙 발견하기
교과내용 목표	한 개의 질문에 대해 한 개의 올바른 답을 탐색한다.
행동 목표	학습자 스스로 내용 간의 위계 형성, 구체적 순서 구성하여 문제 해결한다.
전 - T	교사 교과내용, 수업운영절차, 평가기준, 단일 질문 준비
중 - L	교사의 질문 제시, 학생 다양한 인지능력 사용하여 스스로 질문을 만들고, 논리적 계열성 구성, 해답 발견, 모두 학생에게 이전
후 - LT	학생 : 해답확인, 교사의 기준용지로 검증 가능 교사 : 학생의 해결책의 옳고 그름 확인
표준화된 시험	한 가지의 정답. 학습자가 얼마나 정보를 잘 계열화해서 적용할 수 있는가 다양한 인지작용 유발 예시) 목표 심박수를 계산하시오. 최대한 균형을 잡으시오.

033 | H 확산발견형 스타일(T-L-LT)

개념	ABCD 요소들 중에서 학생들 스스로 순서를 변형하여 구성하기 교사의 질문을 통해 학습자는 구체적 인지작용으로 확산적 해답을 발견 학생이 처음으로 교과내용과 관련된 선택권을 갖게 된다. 자신만의 고유한 아이디어 창조, 인지적 창조와 신체적 수행 사이 관련성 배울 수 있다.
교과내용 목표	하나의 질문에 구체적 인지작용으로 다양한 설계, 해답 생성 특정 목적 위해 해결책을 찾고 조직하는 능력 개발
행동 목표	대안적 사고를 통해 정서적 사회적으로 충분히 수용한다. (감환과정-가능한 해답만 남김)
전 - T	교사, 공통교과내용, 수업주제 등 확산적 해결책 만드는 질문, 문제 제시한다. 다양한 움직임의 결합, 전술, 수업운영절차, 평가기준 제시
중 - L	학생 : 설계하기-움직임 조합, 패스 방법 선택 등 다양한 설계, 해답, 반응 발견 감환과정 준거 활용하여 실제로 가능한 해답만 남긴 확산적 반응 생성
후 - LT	교사 : 학생의 다양한 해결책 결과에 가치중립적 피드백 제공, 학생 반응 수용하기, 과정에 가치적 피드백 제공
감환과정 단계	가능한 해결책 P - 브레인스토밍 실행 가능한 해결책 F - 준거바탕 검토 바람직한 해결책 D - 선택

Theme 034 | I 자기설계형 스타일(T–L–L)

개념	움직임 표현요소 적용하여 8개 이상의 움직임 동작을 연결하여 체조 개발 교사가 공통교과내용, 학습주제 범위 내에서 학습목표 선택한다. 교사는 학습자의 학습 진행 관찰한다. 문제해결 위해 학습자가 독자적으로 학습구조 설계하여 학습을 진행한다. 학습구조 발견에 대한 독립성 확립
교과내용 목표	문제분석, 해결책 검증하는 학습 과정에 스스로 참여한다. 학습자 스스로 고유의 운동수행 및 평가의 준거를 세운다.
행동 목표	개인차를 수용한다, 긴 시간에 걸쳐 독립성 증대 경험 기회 제공 자발성을 기르는 시회를 제공한다, 과제 수행에 대한 인내심과 과제집착력 훈련
전 – T	교사 공통교과내용(학습주제) 결정 & 수업운영 방법 결정
중 – L	전체적 계획 수립, 동작 구성, 질문 만들기, 자료수집 후 제작, 스스로 부족한 점 보완, 지속 수정 발전 완성도 높인다. 연습과 수정, 학습절차와 해결책 검증, 평가기준 마련, 결과에 책임, 학습자 스스로 고유의 운동수행 및 평가의 준거를 세우고 결과에 책임을 진다.
후 – L	학생 자기평가, 자신의 평가기준 비추어 결론 검증, 수정 교사와 의사소통 / 교사는 질문으로 학생과 의사소통한다. 자기평가 마쳤을 때만 가치적, 교정적 피드백 제공한다. 학생들의 성취(교과내용 참여 및 의사결정과정) 칭찬
교과내용 선정	복잡한 내용 선정(기초적 동작 수업 = 모사형 스타일군에서 사용) 충분한 시간 제공, 아이디어 발견, 창조, 조직화에 집중 가능한 충분한 시간적 여유
제한점	<u>시간</u> : 학습자의 개별 프로그램 인정 / 교사의 학습자 의사소통 및 지원, 피드백 시간 <u>인지적 영역의 개인차 및 평가</u> : 학습자 스스로 자기평가 시작, 교사는 구체적 의사결정 범주와 기대치 제시로 기준마련 도움주기, 신뢰하기

035 | J 자기주도형 스타일[L-( )( )( )-L]

개념	학습자가 과제의 설계와 실행에 대해 주도성을 갖고 책임지는 방식 학생은 개별적으로 교사에게 자기 스스로의 학습활동을 설계하겠다고 요청, 독자적으로 과제활동 전·중·후 모든 의사결정 교사는 전문가로서 도움 제공, 개입×
교과내용 목표	주도적으로 영역 내에서 아이디어 발견, 창조할 권리
행동 목표	자율적인 선택권, 도전권
특징	학습자 주도, 설계, 평가기준에 비추어 자기평가

036 | K 자기학습형 스타일(L-L-L)

개념	학교에 존재하지 않는 교수 스타일, 학생 개인이 교사와 학습자 역할 동시에 맡아 전·중·후 의사결정한다.
특징	학생 개인이 교사와 학습자 양자의 역할 동시 수행

Chapter 5
메츨러의 수업 모형 : 주도성 프로파일 적고 시작하기 🎧 직개동협스탐전개

Theme 037 | 모형과 학습영역 우선순위, 학습자의 학습 선호도

학습영역 우선순위	심동	직접, 개별, 동료(학습자), 협동(정의 + 심동), 스교(선수), 개사(통합)
	인지	동료(개인교사), 협동(정의 + 인지), 스교(코치, 임무역할, 조직적 의사결정), 전술, 탐구수업모형, 개사(통합)
	정의	협동(정의 + 인 / 심), 스교(팀원), 개사(통합)
학습 선호도	회경의	직접, 개별, 전술
	참협의	동료(학습자)
	참협독	동료(개인교사), 탐구, 개사(지향)
	참협경독	협동, 스교

Theme 038 | 주도성 프로파일 / 이론적 배경

주도성 프로파일	🎧 내수과참상학과 내용선정 : 누가 학습의 단원 내용을 결정하는가? 수업운영 : 누구에게 수업 운영의 책임있는가? 과제제시 : 학생은 어떻게 과제제시 정보를 얻는가? 참여형태 : 어떻게 학생의 참여형태, 공간, 모둠, 구조 등 결정되는가? 상호작용 : 누가 먼저 학습과제 중 의사소통을 시작하는가? 학습진도 : 누가 연습과정의 시작과 종료를 통제하는가? 과제전개 : 누가 학습과제의 변경을 결정하는가?
	주도성 프로파일 / **이론적 배경**
직접교수 모형	1111 113 / 1 / 🎧 행
개별화지도 모형	1213 233 / 🎧 행
동료교수 모형	1111 12 / 31 / 🎧 사인구직
협동학습 모형	113 / 313 / 23 / 23 / 13 / 🎧 동인사행
스포츠교육 모형	2213 / 3 13 / 33 / 🎧 놀이
탐구수업 모형	1113 213 / 1 / 🎧 발유인구
전술게임 모형	1111 231 / 🎧 구인
개인적·사회적 책임감 지도 모형	1211 211 / ×

Theme 039 | 모형 비교

협동학습 / 탐구수업 / 전술게임 모형 공통점과 차이점	공	문제해결 중심의 지도전략 사용한다(인지발달이론).
	차	협동학습 – 팀구조 기반 문제해결, 수렴 탐구수업 – 개별 학생의 사고에 의존, 넓은 범위의 해답 유도, 확산 전술게임 – 상황중심, 좁은 범위의 해답과 움직임 산출 요구, 수렴

Theme 040 | 1. 직접교수 모형 – "교사가 수업리더 역할을 한다." 1111 113/1

학습영역 우선순위, 상호작용	심동-인지-정의적 영역	
학습 선호도	회피적, 경쟁적, 의존적	
이론적 배경	행동주의	
목표	🎧 효정과긍교 / 자완과(반응자동화, 완전학습, 높은 과제참여시간) 교사는 수업시간과 자원 효율적 활용, 정확하고 즉각적인 운동수행 향상시킨다. 학생의 높은 과제참여기회, 높은 ALT, 높은 비율의 긍정적·교정적 피드백	
주도성 프로파일	내용선정	1	교사가 내용, 순서, 수행 기준 결정한다.
	수업운영	1	교사가 계획, 규칙, 운영 결정한다. 수업운영의 효율성 극대화하기 위해 통제가 지속적으로 이루어진다.
	과제제시	1	교사가 직접 설명, 시범, 피드백, 단서 제공한다(학생 적극적 시범하기).
	참여형태	1	교사가 어떤 유형으로 과제참여할지 개인, 파트너, 소그룹, 대그룹, 학생초대전략-스테이션수업 등 다양한 학생 참여유형 교사가 결정한다.
	상호작용	1	교사는 보강 피드백(긍정적·교정적) 제공하는 주체이다. 교사는 학습자와 지속적으로 상호작용한다.
	학습진도	1/3	A 초기과제 연습 : 교사의 관찰, 교정적 피드백, 시작과 끝 시간 결정 B 독자적 연습 : 학생 스스로 각각의 연습시도 언제 시작할 지 결정
	과제전개	1	교사가 과제숙달 기준 바탕으로 다음 학습과제 이동하는 시기 결정한다.
Rosenshine 직접교수 모형을 활용한 6단계 수업	🎧 전새초(80%)피독(90%)정(질문) 전시과제 복습, 새로운 과제 제시, 초기과제 연습(관찰, 교정적 피드백, 80%), 피드백 및 교정, 독자적 연습(스스로, 진도 결정, 90%), 정기적인 복습	
포괄성	모든 학생, 동일 과제 연습, 높은 학습기회, 실제학습시간, 보강 피드백 받고 다음 학습활동으로 다함께 이동 but 학습자들의 학습속도가 다름, <u>학생초대전략 통해 스테이션</u>을 만들고 학습진도 비슷한 학생들끼리 수준별 모둠을 만들 수 있다.	
학습평가	비공식적 평가 – 관찰, 질문 공식적 평가 – 기록, 퀴즈	
교사역할	수업내용, 효율적 수업운영 의사결정, 계열화된 과제 제시, 시범, 단서, 관찰, 긍정적·교정적 피드백, 평가	
학생역할	과제 이해, 초기 과제 연습, 평가, 독자적 연습, 완전 숙달, 다음 학습과제 수행 위해 현재 학습과제 숙달 증명해야 한다.	

041 | 2. 개별화지도 모형 - "학생이 학습속도 조절한다. 가능한 한 빨리, 필요한 만큼 천천히" 1213 233

학습영역 우선순위, 상호작용			심동-인지-정의적 영역
학습 선호도			회피적, 경쟁적, 의존적
이론적 배경			행동주의
목표			개인학습지나 수업매체를 바탕으로 학습속도를 스스로 조절하면서 자기주도적으로 과제를 학습한다. 교사 학생과의 상호작용 증진, 개별화지도 기회 증진 / 학습자의 자기주도적 능력 증진 / 완전 숙달, 성취지향
특징			단원 계획안만 있고 1일 교수·학습 과정안×, 지속평가(과제완수 = 평가)
주도성 프로파일	내용선정	1	교사가 단원, 내용, 계열성 결정 교사의 개인학습지 설계 능력 중요하다.
	수업운영	2	교사는 수업운영 계획, 절차 결정 학생들 수업운영에 강한 책임감 갖고 운영한다. / 상규적 활동 시간 감소시킬 필요×
	과제제시	1	교사 개인학습지인 문서나 매체로 전달, 각자 다른 과제를 받는다. 교사가 개인학습지를 통해 과제 제시한다. 수업운영에 소비되는 불필요한 시간 줄이고, 학생들에게 더 많은 피드백, 많은 개별지도 cf) 과제활동지(스타일)
	참여형태	3	학생은 교사와 다른 학생들로부터 개별적, 독립적으로 참여한다.
	상호작용	2	교사는 수업 운영 부담 없이 학생과 높은 수준의 교수 상호작용한다. 직접교수 모형보다 3배 많은 피드백, 상호작용 제공, 개별지도시간 가능
	학습진도	3	학생 스스로 연습의 시작과 종료, 횟수 결정
	과제전개	3	학생이 '가능한 한 빠르게 필요한 만큼 천천히' 속도 정한다. 학생 스스로 단원 내에서 각자 진도 결정, 지속평가(완수 = 평가) 기준 도달 책임, 자기평가, 동료평가, 교사평가
학습준비도, 상황적 요구 조건			🎧 읽기책상도 읽기능력, 기술, 책무성, 상황변형, 도움요청
개별화지도 6가지 과제 (구조)			🎧 준이기도 퀴즈게임 준비도연습, 이해력과제, 기준연습과제, 도전과제(기 + 기, 리드업, 변형), 퀴즈, 게임
교사역할			① 사전에 전체단원내용 계획, 개인학습지의 개발, 과제 계열화, 과제구조 수립 ② 매 시간 개인학습지 수거, 진도검사, 교수·학습 개선 ③ 수업운영 시간절약 : 학생과 더많은 상호작용, 개별화지도 시간의 기회
학생역할			① 학생은 서로 다른 속도로 학습, 충분한 시간과 기회 주어지면 누구나 학습목표 달성할 수 있다. ② 독해력 & 책무성, 자신의 개인학습지에서 과제의 숙달정도 확인한다. 자기 / 동료 / 교사평가. 지속평가 정직하게 검증하는 책무성 ③ 학생은 개별적으로 학습 진행하고, 수업이 끝나면 다음 시간에 그 지점에서 새로운 수업 시작한다.

3. 동료교수 모형 – "나는 너를, 너는 나를 가르친다." 1111 12/31

학습영역 우선순위, 상호작용	개인교사) 인지-정의-심동 학습자) 심동-인지-정의
학습 선호도	개인교사) 참여적, 협력적, 독립적 학습자) 참여적, 협력력, 의존적
이론적 배경	🎧 사인구직 사회학습이론, 인지발달이론(피아제), 구성주의학습이론 * 직접교수 모형의 변형(상호작용만 다름)
목표	① 교사가 과제를 제시하고 학생들끼리 짝을 이루어 개인교사와 학습자 역할을 번갈아 수행하며 수업을 진행 ② 개인교사는 과제구조에 기초하여 학습자의 연습 관찰, 피드백, 학습단서를 제공한다. : 개별적 과제제시, 개별적 피드백 증가, 높은 비율의 학습참여기회, 강화 통한 완전 숙달 지향

주도성 프로파일			
	내용선정	1	교사가 학습내용, 〈학습과제의 순서〉, 평가기준 전달하면, 개인교사와 학생 전달받아 수행한다.
	수업운영	1	교사 수업운영 계획과 수업규칙 결정한다. 개인교사 연습장소 정하고 학습자 안내한다.
	과제제시	1	교사-개인교사 역할제시 개인교사-학습자 과제제시
	참여형태	1	교사가 과제참여 형태로 조와 역할과 임무, 교대계획 결정한다. 교사가 조를 만들어 학생들이 개인교사, 학습자 역할할 수 있도록 2인 1조, 인원이 안 될 때는 3인 1조로 구성한다. 메츨러 짝구성 : 운차, 인비
	상호작용	1/2	A 교사-개인교사 과제제시, 구조제시 B 교사-개인교사 인지적 영역 발달 위한 질문 B 개인교사-학습자 자유롭게 질문, 조언
	학습진도	3	개인교사와 학습자 자신의 학습속도로 연습 시작시간과 지속시간 결정
	과제전개	1	역할 교대 시기 결정

짝짓기	-운동 기능 차이, 인지 기능 비슷 & 비슷한 수준(수준별) 운동 기능 수준 낮은 학생 : 과제 연습 중 충분한 관찰, 개인교사로서의 역할 학습 운동 기능 수준 높은 학생 : 과제 연습 중 부가적 정보로 기능 강화, 개인교사로서 역할 수행 시 분석기술의 증가
모형의 단점 반박	수업 중 심동적 영역 학습참여기회가 직접교수 모형보다 반으로 축소하지만, 개인교사의 인지적 참여와 학습단서 기억으로 연습시간 효율성 증가

학습평가 - 관찰체크리스트		체크리스트 항목 수와 난이도가 개인교사의 능력과 일치해야 한다. 학습자 : 자신 운동수행 대한 구체적 피드백 개인교사 : 자신이 연습할 차례 때 중요한 학습단서 기억
교사역할		① 교사의 체계적인 계획과 지도하에서 학생들 짝을 이루고 역할 교대하며 학습 수업계획, 과제활동지 제작하기, 체크리스트 항목의 수와 난이도 개인교사의 능력과 일치, 학습과제 계열화, 상규적 활동, 절차 수립 ② 직접 과제제시, 개인교사 역할훈련 시키기 ③ 직접 상호작용, 개인교사에게 과제제시와 이해도 점검 위한 질문 ④ 상호작용적 상호작용, 개인교사 인지적 발달 위한 질문 ⑤ 역할 교대 지시하기 ⑥ 최종평가하기
학생역할, 조	개인교사	① 역할 수행에 대해 훈련받기 ② 인지적 참여 경험, 학습단서 기억, 연습시간의 효율성 증가 ③ 움직임 기능의 이해와 수행 수준 향상 ④ 체크리스트를 활용한 학습자 평가 가능
	학습자	① 개인교사의 연습시도 관찰, 분석, 구체적 피드백으로 학습시간의 효율성 증가 : 높은 비율의 긍정적·교정적 피드백, 학습참여기회, 실제학습시간을 갖는다. ② 완전 숙달

Theme 043 | 4. 협동학습 모형 – "서로를 위해 서로 함께 배우기" 113/323/23/13/13

학습영역 우선순위, 상호작용	정의적+인지적-심동적 영역 or 정의적+심동적-인지적 영역 영역 간 상호협력적 관계 : 학습 위해 협동하여 목표달성
학습 선호도	참여적 / 협력적(팀내), 경쟁적(팀간) / 독립적
이론적 배경	🎧 동인사행 동기이론(공동목표, 책무성), 인지이론(발달단계 적합 과제), 사회학습(상호작용, 학습), 행동주의(팀보상)
목표	교사가 제시한 학습과제를 책임감 있는 팀원으로 서로 협력하여 완수하는 수업, 집단 내 노력, 집단 간 경쟁, 성취지향적, 과정지향적 협동적 목표를 – 구조화된 상호의존적 관계를 통해 협동하여 학습 협동과정과 성취결과 모두 달성하기

주도성 프로파일	내용선정	1	교사가 학생이 수행할 계열적 과제들 결정
	수업운영	1/3	교사가 학습과제 참여 전까지 <u>팀원 선정(팀내 이질적, 팀간 동질적)</u>, 자원, 시간, 기준 결정 학생들 학습과제 시작하면 역할분담, 시간 활용 방법 등 의사결정
	과제제시	3	학생이 스스로, 무엇을 어떻게 스스로 결정하고, 동료교수 사용한다. (교사는 문제설정과 기본규칙 설명 후 빠진다, 교사에 의한 과제제시 ×)
	참여형태	2/3	A <u>교사 사회성 발달을 위해 질문 사용, 반성시간, 해결방안모색</u> 제시 B 학생들 과제수행할 때 역할분담, 참여, 과제완수 계획 수립 / T격려자
	상호작용	2/3	A <u>교사 사회성 발달을 위해 질문 사용, 반성시간, 해결방안모색</u> 제시 B 학생들 과제수행할 때 역할분담, 참여, 과제완수 계획 수립 / T격려자
	학습진도	1/3	A 교사가 학습과제 선정 전까지 주도 B 학생들에게 과제 주어지면 스스로 주어진 시간 내 학습진도 조절
	과제전개	1/3	A 교사가 새로운 과제 소개 결정 B 학생들 과제가 주어지면 완수에 필요한 과제 완료 시기 스스로 결정
Slavin 협동학습과 협력학습의 차이점			🎧 **팀개학** 팀보상 : 모든 팀 동일, 관련 과제 수행, 수행 기준 도달 팀보상 제공 개인책무성 : 개인점수 팀점수에 포함 학습성공에 대한 평등한 기회 제공 : 팀내 이질, 팀간 동질 경쟁조건 제공
Cuseo의 협동학습 모형 <u>절차적 요인</u>			🎧 **의의연개사격** 의도적인 팀구성 팀원들 간의 상호의존 관계 팀 상호작용의 연속성 개인책무성 사회성 발달에 대한 외재적 관심 격려자로서의 교사
Johnson, Johnson & Holubec 협동학습의 기본요소, 촉진요인			🎧 **긍발개대팀** 팀원 간의 긍정적인 상호의존성 : 팀 승리에 공헌, 사회성 향상 기회 일대일 발전적인 상호작용 : 협력 개인책무성 : 개인점수 팀점수에 포함 대인관계와 소집단 인간관계 기술 : 의사소통, 갈등해결 팀 반성 : 사회성 학습 위한 반성시간 계획, 제공
포괄성			이질적 팀구성, 책임감으로 상호지원, 팀 목표 위해 개인차 통합
과제구조			🎧 **성게직보집** 학생 팀 성취배분(STAD) : 모든 팀 동일과제, 시간, 개별점수 합쳐 팀점수 팀 게임 토너먼트(TGT) : 각 팀 등수대로 경쟁, 능력 낮은 학생 팀 승리에 기여할 수 있어 동기유발, 자신감 획득, 경쟁 결과로 팀점수 부여, 집단평가 직소 : 전문가 집단 구성하고 배워서, 자신의 팀으로 돌아가 다른 팀원 가르친다. 팀보조수업(TAI) : 팀원 스스로, 다른 팀원 도움으로 과제 연습, 팀원이 평가 집단연구(GI) : 단체프로젝트, 활동 사전에 성취수준 점수 제시 후 평가

정의적 영역 평가	지속 관찰, 체크리스트 기록, 집단 과정에 반성시간, 팀별 일지 작성
학습평가	① 학습 결과 – 총괄평가 ② 팀 상호작용, 협동과정 – 정기적 형성평가, 과정은 결과만큼 중요하다.
교사역할	① 수업 초기 직접적, 학습목표, 수업규칙, 학습내용, 〈수행기준, 사회성 기술 목표〉, 팀원 선정 명세화 ② 교사에 의한 구체적 과제제시 없다, 과제가 무엇인지만 알려준다. ③ 수업 후기 간접적, 인지적, 사회적 학습 위한 〈격려자〉이자 관찰자, 학생들 반성능력으로 상호작용 키워주기 ④ 티칭모멘트 : 협동심 발달 위함, 교사는 학생들이 협동하여 과제에 참여하지 않을 때만 개입한다, 팀 반성의 토대
학생역할	① 수업 후기 팀선정 후 수업의 운영권 책임 : 임무분담, 과제수행계획, 자원관리, 학습진도 조절, 과제완료시기 결정 ② 학습목표 달성 과정에서 팀원들의 다양성으로 인지적 학습과 사회성 학습을 목적으로 한다.

Theme 044 | 5. 스포츠교육 모형 – "유능하고 박식하며 열정적인 스포츠인으로 성장하기"
2213/3 13/33

학습영역 우선순위, 상호작용	 선팀코임조 선수 – 심인정 팀원 – 정인심 코치 – 인정심 임무역할의 학습 – 인정심 조직적 의사결정 – 인정, 규칙수정, 리그일정, 의견조율
학습 선호도	참여적 / 협동적(팀내), 경쟁적(팀간) / 독립적
이론적 배경	놀이교육 모형 – 스포츠는 발달된 형태의 놀이이다. 스포츠는 인류문화의 핵심적인 한 부분, 문화전수하자.
목표	① 학생들 스포츠 리그에 참여함으로써 유능하고 박식하고 열정적인 스포츠인으로 성장한다. 심동적, 인지적, 정의적 영역 평가한다. ② 모든 학생들은 선수이면서 동시에 스포츠 리그 운영에 필요한 두 가지 이상의 역할을 배운다. 스포츠에 내재된 다양한 관점과 가치 학습
– 유능한 스포츠인의 정의	인지적 능력을 바탕으로 하는 심동적 영역을 갖춘 사람 전략을 알고 기술을 수행할 수 있는 사람
– 박식한 스포츠인의 정의	인지적 영역, 게임의 규칙, 스포츠의 의례 전통을 이해, 바람직한 것을 아는 안목 있는 소비자(평가)이자 스포츠 수행을 잘하는 참여자
– 열정적인 스포츠인의 정의	어떤 스포츠 문화든 다양한 스포츠 문화를 보존하고 증진시키는 사람

주도성 프로파일	내용선정	2	교사가 종목 선택 or 학생들에게 선택 범위 제공, 학생의 선택에 교사가 조언 제공
	수업운영	2	교사는 수업 초기 시즌에 대한 전반적인 기본규칙, 구조제시 / 학생들 시즌 동안 매일의 수업운영과제 계획, 수행
	과제제시	1/3	A 교사 시즌 전 미니워크숍으로 팀내 임무와 역할 과제제시 B 학생들끼리 시즌 중 〈동료교수〉와 〈협동학습〉 형태로 과제제시
	참여형태	3	학생들이 스스로 선수 역할와 비선수 역할 따라 참여 학생들이 스스로 선수-동료교수와 협동학습, 비선수-임무학습
	상호작용	1/3	A 교사 학생들에게 자료 제공 B 학생들끼리 동료교수(주장), 협동학습 일어난다.
	학습진도	3	학생들이 시즌 전 계획, 게임 사이 진도 조절한다.
	과제전개	3	학생들이 과제 목록, 과제 연습, 순서 결정한다.
시덴탑 스포츠교육모형 6가지 핵심적 특징			🎧 시팀공결기축 시즌 : 최소 20차시 이상의 수업 시수로 운영 팀소속 : 한 팀의 일원으로 참여, 정의적 사회적 발달 목표 성취 공식경기 : 학생 시즌 조직, 운영, 규칙변형 의사결정, 지속적 연습과 경기 준비 결승전 행사 : 모든 학생 능력 발휘하며 참여하는 결승전 행사, 이벤트, 축제 기록보존 : 득점, 반칙 등 개인기록과 팀의 승패에 대한 기록을 남긴다. 전략 가르치거나 흥미유발하거나 학습평가에 활용 축제화 : 팀의 정체성 드러내는 다양한 깃발, 푯말 만든다.
포괄성			두 가지 이상의 다양한 역할에 참여한다. 규칙변형 : 평등한 참여기회 갖도록 규칙변형한다.
학습평가			선수평가(심인정), 역할평가(심인정)
교사역할			① 학생의 발달단계에 적합한 스포츠 알고, 내용 선정, 전개 ② 시즌조직, 팀선정, 리더선정, 전반적 감독, 자료제공, 지원 ③ <u>직접교수</u>, 미니워크숍, 임상지도전략 형태로 학생들 역할지도한다.
학생역할			① 선수와 비선수(심판, 코치, 기록원 등)로 다양한 역할 수행 ② 학생 자신의 발달단계에 맞는 스포츠 직접 설계, 수행, 결정 ③ 팀에 소속, <u>동료교수, 협동학습</u>

045 | 6. 탐구수업 모형 – "(질문자로서의 교사) 문제해결자로서의 학습자" 1113 213/1

학습영역 우선순위, 상호작용	인지-심동-정의적 영역 or 인지-정의-심동적 영역	
학습 선호도	참여적, 협력적, 독립적(상호작용 통제하면 직접교수 모형됨)	
이론적 배경	🎧 발유인구 발견학습, 유의미학습이론, 인지발달이론, 구성주의	
목표	① 교사는 다양한 형태의 질문 형식으로 문제를 제기하고, 학생들은 질문에 대해 탐색과 발견을 통해 <u>한 가지 이상의 가능한</u>, 창의적인 해답을 찾아 몸으로 표현한다(단원 동안 독점적으로 질문이 활용된다). ② "생각하고 움직이기"(인지적 발달에 의해 심동적 학습전개, T촉진자)	
주도성 프로파일	내용선정	1	교사가 단원과 수업에서 배울 모든 내용 결정한다.
	수업운영	1	교사가 관리계획과 수업절차 결정한다.
	과제제시	1	교사는 내용 전개를 계획하고 질문 형태로 과제제시한다.
	참여형태	3	학생들이 스스로 해답 찾기 위해 탐색, 협력, 많은 시도한다. (교사의 문제설정 뒤)
	상호작용	2	학생들이 문제해결에 몰입할 때, 교사는 단서, 피드백, 보조 <u>질문 제공하며 상호작용한다.</u>
	학습진도	1/3	A 교사가 시간할당, 수업진도 결정한다. B 학생이 할당된 시간 내 과제완수 시간, 연습 조절한다.
	과제전개	1	교사는 과제들의 목록과 계열성 결정, 학생의 발달단계 고려 질문으로 점차 더 복잡한 문제 제시하기, 흥미유발하기 수업계획 비구조적-질문 위주의 상호작용 길이 예측이 어렵다.
Tillotson의 문제해결 과정 5단계	🎧 규제유최발 문제의 규명 : 개념, 기술, 학생 고무하는 방법 알고 있다. 문제의 제시 : 해결해야 할 학습과제의 한두 가지에 초점 두고 질문한다. 문제에 대한 유도 설명 : 학생들 문제해결 <u>시도할 때 단서, 피드백, 보조질문 제공하고 관찰한다.</u> 최종해답의 규명 및 정교화 : 교사는 학생들이 한 가지 이상의 해답, <u>이동하면서 해답을 찾아내도록 단서, 피드백, 보조질문 활용한다.</u> 분석 평가 논의를 위한 발표 : 학생들의 다양한 문제해결 방법 발표하게 한다.	
- 문제의 규명 정의	교사는 학생들이 배워야 할 개념, 기능을 질문으로 자극하는 방법을 안다.	
- 문제의 제시 정의	교사는 학생들에게 문제 제시하는 한 가지 이상의 질문을 한다.	
- 문제에 대한 유도된 탐구 정의	교사는 문제해결 시도하는 학생들 관찰, 단서, 피드백, 보조질문 제공	

협동학습/탐구수업/ 전술게임 모형 공통점과 차이점	공	문제해결 중심의 지도전략 사용한다(인지발달이론).
	차	협동학습 - 팀구조 기반 문제해결, 수렴 탐구수업 - 개별 학생의 사고에 의존, 넓은 범위의 해답 유도, 확산 전술게임 - 상황 중심, 좁은 범위의 해답과 움직임 산출 요구, 수렴
메츨러의 질문하기		수렴적 질문(지이적) × → 하나 또는 제한된 수의 답(3초) 확산적 질문(분종평) ○ 다양한 대답(15초)
Borich의 후속질문		🎧 새명흐 : ○△× 새로운 정보의 요구, 명료화하기, 흐름의 전환
학습평가		교사 : 학생들의 질문에 대답, 조언, 피드백 학생 : 다른 학생의 답변 관찰, 평가하도록 한다.
교사역할		① 내용선정, 수업운영 절차, 과제제시, 질문의 순서, 학생활동, 과제전개 주도하며 질문으로 학생과 상호작용한다. ② 설명하지 말고 질문하라(설명×, 시범×, 질문○). ③ 학생의 탐구활동 중 단서, 비교정적 피드백, 보조질문 제공한다 / 활용한다. 교정적 피드백 제공하지 않는다, 재질문한다. * 교사가 참여형태와 학생의 상호작용 통제하면 직접교수 모형이 된다.
학생역할		① 생각하고 움직이기, 교사의 질문에 생각하고 움직임 형태로 대답 ② 문제해결 : 사전지식과 의미 활용하여 신체적 표현되는 해결책 탐색, 발견, 만든다.

Theme 046 | 7. 전술게임 모형 - "이해 중심 게임 지도" 1111 231

학습영역 우선순위, 상호작용	인지-심동-정의적 영역
학습 선호도	회피적, 경쟁적, 의존적
이론적 배경	🎧 구인 구성주의 : 운동 수행 전 인지학습 강조, 상황적 맥락 + 문제 중심, 전술해결 인지학습 : 인지적 영역을 학습을 먼저 하면 운동기술 수행이 훨씬 원활해진다.
목적	① 전술인지, 의사결정 능력, 기술 수행 능력 발전(전술 = 전략 + 기술) 　전통적인 '기술 중심 게임 지도' 방식에서 탈피하여 '전술 이해 중심 게임 지도' 방식으로 전환 ② 게임상황에서 효과적인 전술적 결정을 내리고 실행하는 능력 습득이 목적 ③ 이해 중심 게임 지도를 통해 게임 전술을 습득하고 다른 유사한 게임들에도 전이하여 활용한다.

주도성 프로파일	내용선정	1	교사는 전술문제 계열적 제시, 전술인지와 의사결정 능력 개발 위해 게임상황, 유사상황 계획한다.
	수업운영	1	교사가 수업운영, 규칙, 절차 결정, 교사의 직접적 통제
	과제제시	1	교사 직접교수 모형과 유사, 다만 〈과제, 모의상황 시작 전 <u>연역적 질문 사용하여 전술문제 제기한다.</u>〉 학생이 질문에 대답할 때 교사와 학생 상호작용 이루어진다.
	참여형태	1	교사가 모든 학습과제와 과제구조 결정, 모의상황, 연습 실행 지도 학생 스스로 연습 가능, 몇 가지 의사결정 가능
	상호작용	2	<u>교사의 연역적 질문에 학생이 대답하며 상호작용한다.</u> 교사는 변형게임과 기술연습 상황에 단서와 피드백 제공한다.
	학습진도	3	학생이 게임상황에 참여하면 스스로 연습 시작과 종료 결정한다.
	과제전개	1	교사가 다음 전술문제, 학습과제로 이동하는 시기 결정한다. 교사가 인지능력과 기능수행 수준 차이 고려하여 수준별로 집단 편성하여 변형게임, 과제 전개시킨다. 서로 다른 학습속도로 각자 수준에서 적합한 과제참여로 포괄성 지닌다. 대기시간 없어야 한다.
Almond & Bunker & Thrope 게임유형			🎧 침네필표. 전술유사성. 같은 영역에서 전술 구조적 전이 용이 침범형 네트형 / 벽형 필드형 표적형
영국, Bunker & Thrope '이해 중심 게임 지도'			🎧 소이전적기실 게임소개 : 게임의 분류, 개관 게임이해 : 역사와 전통, 규칙으로 흥미유발 전술이해 : 전술문제 게임상황에서 제시, 전술인지 발달 전술지식의 적용(적절한 의사결정) : 간이게임, 변형게임 활용 기술연습 : 직접교수 모형처럼 교사가 설명, 시범, 피드백, 전술적 지식과 기능수행 결합 실제게임수행 : 학생 전술 및 기능지식 결합으로 <u>능숙한 수행</u> 이루어지도록 한다.
미국, Griffin, Mitchell, Oslin '전술게임 모형'			🎧 초기변정 초기게임형식, 기술연습, 변형게임, 정식게임
1) 초기게임형식			교사의 연역적 질문, 전술인지와 기술영역 규명 목적, 대표성 지닌 모의상황에서 학생 전술적 의사결정 수행하도록 여러 차례 반복연습
2) 기술연습			연습시작 전 전술문제 질문으로 제시 직접교수 방식으로 교사의 설명, 시범, 단서 제공 개인, 파트너, 소그룹, 대그룹 다양한 과제구조 활용
3) 변형게임			정식게임의 전술 및 수행 복잡성 줄이기 위함, 전술목표 제시, 가교역할 대표성과 과장성, 티칭모멘트 가짐
4) 정식게임			학생이 전술인지와 필수 기능 가진 것 확신할 때만, 정식 게임을 하게 한다. 게임 중 발생하는 티칭모멘트 시기 포착 및 지도

– 대표성의 정의	게임형식이 정식게임의 실제상황, 가장 본질적 특징을 포함하고 있다.
– 과장성의 정의	게임형식이 특정 전술문제에만 초점을 두도록 설정되어 있어야 한다. 특정 전술문제에 초점을 맞춘(과장성) 반복수행으로 전술인지 발달시키기
– 학습평가 : 게임수행평가 도구(GPAI)	높은 GPAI 점수는 긍정적인 사례수가 부정적인 사례수보다 많을 때 발생 둘 사이의 비율과 균형에 의해 결정, 부정적 사례 줄이기
	🎧 의기보 돌적커가 의사결정하기, 기술수행하기, 보조하기, 돌아오기, 적응하기, 커버하기, 가드하기
게임참여점수 계산법 게임수행점수 계산법	게임참여점수 = 의사결정(적절 + 부적절) + 기술실행(효과적 + 비효과적) + 보조하기(적절) 게임수행점수 = 각 지수 / 3 × 100 = 의사결정지수 + 기술실행지수 + 보조하기지수 / 3
교사역할	① 내용선정(전술문제결정), 수업운영, 과제제시, 학습 효율성 높이기 ② 연역적 질문으로 상호작용한다. ③ 티칭모멘트를 활용 : 전술인지, 전술적 의사결정, 기술수행에 지속적 초점 둔다.
학생역할	① 게임상황에서 효과적인 전술적 결정을 내리고 실행하는 능력 습득이 목적 ② 이해 중심 게임 지도를 통해 게임전술을 습득하고 다른 유사한 게임들에도 전이하여 활용한다.

8. 개인적·사회적 책임감 모형 – "통합, 전이, 권한위임 및 교사와 학생 관계" 1211 211

학습영역 우선순위, 상호작용	정의적 + 심동적 + 인지적 영역 통합
학습 선호도	역동적, 참여적, 협력적, 독립적 지향
이론적 배경	×
주제	🎧 통전권관 통합, 전이, 권한위임, 교사와 학생 관계
– 통합의 정의	책임감과 신체활동(기능과 지식)이 분리하지 않고 통합, 연계되어 학습
– 전이의 정의	학교 밖, 방과 후, 지역 공동체에서도 긍정적인 의사결정할 수 있게끔 교사가 학생들 인도
– 권한위임의 정의	신체활동 환경관련 스스로 의사결정 내리고 수행, 학생 스스로 자기결정권을 인식, 삶을 책임지는 주체라는 사실 자각
– 교사와 학생 관계의 정의	정직, 믿음, 의사소통에 의해 형성되는 수평적 개인적 인간관계에 토대 동등한 파트너 입장

목표			① Hellison의 5단계 책임감 발달 수준을 바탕으로 책임감 수준 진단하고, 그에 따라 학생 개개인을 위한 체육 프로그램 구성과 실행의 준거로 삼아 개인적, 사회적 책임감 있는 행동촉진, 태도를 육성시킨다. ② 책임감과 신체활동 동시에 추구되고 성취되어야 한다. ③ 낮은 책임감 수준의 학생들이 일련의 계열화된 학습과제에 참여하게 되므로써 다양한 상호작용을 통해 개인적·사회적 책임감 함양시킨다.
주도성 프로파일	내용선정	1	학생들의 현재 책임감 수준 진단, 적절한 학습활동 계획
	수업운영	2	학생 낮은 수준의 책임감일 때, 교사가 수업운영 의사결정, 수업 통제 직접적 학생들이 높은 수준의 책임감일 때, 학생들에게 수업운영 결정권 더 부여
	과제제시	1	교사의 관찰과 학생의 현재 수준 평가 후 적합한 책임감 과제 제시 목표-설정 계획시키기
	참여형태	1	학생들이 높은 책임감 보이면 통제권 넘겨줌
	상호작용	2	교사와 학생의 관계, 상담자, 다양한 상호작용에 의해 관계 설정 안전이 위협당하는 경우에만 직접적으로 지시
	학습진도	1	교사가 연습의 시작과 끝 결정, 다음 수준에 해당하는 전략 활용
	과제전개	1	교사가 학습과제 각 수준에 맞게 계획, 제공
Hellison 5단계 책임감 수준과 특징			🎧 무타참자배전 5. 전이 : 지역사회, 청소년코치, 집에서 4. 배려 : 타인 돕기, 타인 요구와 감정 이해하기 3. 자기방향 설정 : 교사×, 참여○ 교사 없을 때도 열심히 참여, 자기평가 및 목표 설정 가능 2. 참여와 노력 : 교사○, 참여○, 교사 있을 때 열심히 참여 1. 타인의 권리와 감정 존중 : 방해×, 욕×, 참여○ 0. 무책임 : 방해○, 참여의지 없음, 다른 사람 방해(책임감 부재)
책임감 발달 수준에 대한 전략			5. 지역사회 자원봉사자, 학급리더 4. 동료교수, 집단목표 설정 3. 독립적 과제수행, 개인목표 설정계획 2. 과제수정, 자기 진도에 맞는 도전 1. 실수 없는 연속 5일, 할머니 법칙
학습평가			책임감 수준에 따라 평가가 달라진다. 실제평가, 지필검사, 체크리스트, 루브릭, 행동계약
교사역할			① 학생들의 현재 책임감 수준 진단, 적절한 학습활동 계획 ② 상담자, 학생 상담하기, 반성 요구하기
학생역할			① 목표설정 과정과 의사결정 과정에 참여한다. ② 반성하기, 자신의 책임감 수준을 안다.

Chapter 6
교육과정 모형

Theme 048 | 체육교육과정 모형

체육과 교육과정의 수준	🎧 이문실 이념적, 문서적, 실천적 수준
- 실천적 수준	교육과정과 교과서 실제 수업현장에서 학생들에게 전달, 학습하도록 하는 교과 지도 활동 학교에서 실제로 일어나는 체육 관련 교과행동 교사가 실제로 가르친 것, 학생들에게 제공되는 학습경험의 총체
의사결정 수준에 의거한 교육과정	🎧 국지학교 국가, 지역, 학교, 교사(교과서, 교재 재구성, 단원계획안 작성, 교수·학습 과정안 작성) 수준
의도성	🎧 표잠영 표면적(성취), 잠재적, 영 교육과정
- 의도된 결과	학생 교수·학습에 참여하여 나온 성과 학생의 수준에서 경험된 것, 성취된 것
교육과정 실천자/개발자	그대로 따라하기, 동일하게 실천하기 현장의 자율성, 연간 단원 계획 활동지 수립, 수준별 수업, 목표, 내용, 수업시수배정, 학습환경 조성

Theme 049 | 체육교육과정 원천 : 🎧 교학사(- 내자사학생 - 체발움스추)

교과내용	사조 : 내용숙달, 학습과정, 생태통합 모형 : 체력교육 모형, 움직임 분석 모형, 스포츠 교육 모형
학생	사조 : 자아실현, 학습과정, 생태통합 모형 : 발달단계 모형, 개인의미 추구 모형
사회	사조 : 사회개혁, 생태통합 모형 : 개인의미 추구 모형

Theme 050 | 체육교육과정 가치정향(사조) 🎧 내자사학생

내용숙달	목표 : 기초 지식과 기능의 습득, 완벽한 숙달 내용 : 전통적 육상, 체조, 스포츠, 건강체력 중심 교육내용 방법 : 교사 중심 권위, 일제식, 효율적 수행 평가 : 객관적, 기술테스트 원천 : 교과내용
자아실현	목표 : 타고난 성품 실현, 도전감, 성취감, 흥미, 성장 내용 : 도전감, 책임감, 목표설정, 다양한 창작과 놀이 방법 : 학생 중심 개방된 지도방식, 자발적 참여 유도 평가 : 주관적, 자신의 이해와 성장 강조, 다양성 존중 원천 : 학생
사회개혁, 사회재건	목표 : 사회 전체에 대한 책임감, 협력, 변화주도 의식과 실천력 내용 : 스포츠는 삶의 축소판, 공정성과 정의 탐색, 반성적인 개인과 사회적 행동, 사회적 책무성 발달 위한 소규모 학습과제 방법 : 평등한 체육활동, 동등한 기회와 대우를 받는 방식 평가 : 객관적 주관적 방식 모두 선호 원천 : 사회
학습과정	= 라반움직임분석 모형, 탐구수업 모형 목표 : 논리적, 체계적, 비판적 사고능력 함양, 창의적 문제 해결력 내용 : 창의적 변형, 개발, 과정적 기술 배우기 방법 : 학생이 스스로 알기, 방법탐구, 분석, 해결, 창의적 수업 평가 : 주관적 평가 강조, 학습과정의 질을 평가(세련형 과제) 원천 : 교과내용, 학생
생태통합	목표 : 환경과 조화를 이루는 개인 강조, 체육교육의 목표와 학생 개인의 목표 중시, 미래지향적 세계시민 양성을 목적 내용 : 문화적 다양성 이해, 존중 방법 : 사회변화에 대한 개인의 참여 필요신념, 자기관리기술, 자기주도적 태도 강조 평가 : 총체적 관점에서 평가를 이해 원천 : 교과내용, 학생, 사회

Theme 051 | 체육교육과정 모형 🎧 체발움스추

체력교육 모형	목표 : 개별 학생 체력 발달과 유지, 개인 진단, 개인 습득, 개별 프로그램, 건강관리 지속 실천한다. 특징 : 내용숙달 중심사조, 활기차고 건강한 삶 개념틀 : 건강체력요소 발달, 활기찬 라이프 스타일(체육과 역량-건) 가치정향 : 내용숙달
발달단계 모형	목표 : 결정 실행에 자신감을 느끼는 사람, 학생의 총체적 통합적 성장 특징 : 학습자의 인지, 정의, 심동 목표 간 상호작용 강조한 전인교육 지향, 듀이, 민주주의, 반상적 사고로, 성찰, 학생 자율적 선택 강조 비판 : 목표영역 분절됨, 실제 수업에 있어 심동적 영역에 치중 가치정향 : 자아실현
움직임 분석 모형	목표 : 체육학의 지식이해와 능숙한 운동수행, 문제해결 위한 지식 활용 방법 학습, 문제해결력 특징 : 교사 질문에 대한 학생 스스로의 탐색과 해답 발견, 원리 비판 : 지나치게 인지적 활동으로 만들 가능성 가치정향 : 내용숙달, 학습과정
- 라반, 개념틀	🎧 **신노공관** 신체 : 모양 노력 : 속도, 흐름 공간 : 방향, 수준 관계 : 도구, 개인 및 그룹
- 움직임 분석 모형 교사의 역할	🎧 **개지타발** 개념적 지식의 전달, 지식활용을 돕는 과제의 개발, 타 교과 영역과의 연계, 발달단계에 적합한 학습과제의 준비
스포츠 교육 모형	목표 : 모든 학생 능력에 적합한 수준으로 스포츠에 참여한다. + 유능, 박식, 열정적인 스포츠인 특징 : 스포츠 전반적, 포괄적 이해, 다양한 스포츠 경험 제공 - 역할학습 개념틀 : 실제 스포츠 경기처럼, 학습목표 달성 위해 노력 가치정향 : 내용숙달
- 스포츠 교육 모형 교사의 역할	🎧 **스발** 스포츠의 지식, 기능, 태도 지도 발달단계에 적합한 활동, 스포츠 변형 제공
개인의미 추구 모형	목적 : 전인발달, 사회적 책임감, 미래지향적 세계시민의식 특징 : 신체활동에 참가함으로써 의미의 중요성 발견 및 창조 가치정향 : 생태통합
- 목표-과정 개념틀 (Jewett)	목표영역 : 🎧 **개환사**(개인적 발달, 환경극복, 사회적 상호작용) 과정영역 : 🎧 **기응창**(기본적 움직임, 응용적 움직임, 창의적 움직임) 🎧 **지유적세다즉구**(지각, 유형, 적용, 세련, 다양, 즉흥, 구성화)

개인적 발달 환경극복 사회적 상호작용	기본적 움직임	지각화 : 움직이는 동안 신체 관련성과 자아를 인지하는 것. 그립의 종류와 신체 동작의 관련성을 알고 있다. 유형화 : 움직임 기술을 성취하기 위해 신체 부위를 연속적이면서 조화로운 방식으로 사용하고 배열하는 것. 클리어를 조화롭고 연속적으로 하기 위해 신체동작을 배열할 수 있다.
	응용적 움직임	적용화 : 부과된 과제 요구에 부응하기 위해 유형화된 움직임을 변형하는 것. 상황에 맞추어 정형화된 움직임 수정할 수 있다. 세련화 : 공간적·시간적 관련성을 숙달함으로써 움직임 유형이나 기술을 효과적으로 수행할 수 있는 조절 능력 획득하는 것. 시간과 공간을 고려하여 기술을 효율적으로 조절할 수 있다. 다양화 : 개별적으로 운동방식을 독특한 방식으로 고안하고 구성하는 것. 상황에 따라 다양하게 구사할 수 있다.
	창의적 움직임	즉흥화 : 개별적으로 새로운 운동을 즉석에서 창안하거나 고안하는 것. 경기상황에서 사전계획 없이 적합한 기술을 즉각적으로 수행할 수 있다. 구성화 : 배드민턴 경기상황을 스스로 해석하여 창조적으로 움직임을 수행할 수 있다.
- 개인의미 추구 모형 교사의 역할	🎧 다지자사 다양한 범주에 걸친 학습기회 제공 지지하는 분위기를 띤 학습환경의 조성 자주적이고 자발적인 태도의 개발 사회변화에 대한 긍정적 태도의 함양	

Theme 052 | 포가티 통합적 접근

교과 내 통합	심동적(운동기능)+인지적(운동역학), 정의적(사회성) 영역 체육과의 세부 학문 분야의 개념이 가르쳐지는 경우
교과 간 통합	🎧 **접공동** 접속형(1인)-공유형(2인 이상)-동업형(팀티칭) 다른 교과 내용이 체육수업에 or 체육교과의 내용이 다른 수업에
- 접속형	새로운 개념과 주제를 소개할 때 사용, 체육교과 학습활동에 다른 교과에서 가지고 온 내용으로 보완, 강화, 확장 / 혼자서, 스스로
- 공유형	두 개의 교과에서 중복되는 내용을 연관 지을 때 사용 / 다른 교사와 협조, 공통 내용 선정 및 계획
- 동업형	한 학급에서 두 명의 교사가 두 교과의 내용을 균등하게 혼합하여 가르친다. 팀티칭, 동일학급 동시

실전 전공체육

실전 전공체육

2
체육측정평가 및 통계

CHAPTER 7 통계 기초

CHAPTER 8 측정, 평가

CHAPTER 9 통계

Chapter 7
통계 기초

Theme 053 | 기술통계

기술통계의 정의	모집단 = 표본 = 전체 집중경향치, 분산, 상관−집단의 사실적 특성 기술
인과관계 변인	🎧 **독종가매** 독립변인(X) : 종속변인에 영향을 미치는 변인 종속변인(Y) : 독립변인에 영향을 받는 변인 가외변인 : 독립변인 외 종속변인에 영향을 미치는 변인, 통제! 매개변인 : 독립변인과 종속변인 사이에 위치하여 종속변인의 원인이 되는 변인

측정변인 : 척도의 유형	🎧 **(질)명서(양)동비**
	질적변인 : 명명척도(등번호, 이름) : 분류
	           서열척도(등수, 리커트, 상관계수) : 분류, 서열성
	양적변인 : 동간척도(온도, 앉아윗몸앞으로굽히기) : 분류, 서열성, 동간성, 가감
	           비율척도(체중, 키) : +승제, 절대영점

집중경향치	🎧 **평중최(부적편포)** 평균값 : 동간척도 이상, 분포 대칭, 극단값에 영향, 가장 신뢰 중앙값 : 편포상황, 서열척도 최빈값 : 신속, 명명척도
분산도(변산도치)의 정의	점수들의 흩어진 정도(🎧 **범사분표**가 크면 분산 큰 것) 분산도가 클수록 수준별 수업 더 필요하다.
− 분산도 유형	🎧 **범사분표** ① 범위 : 최고값 상한계(+0.5)−최저값 하한계(−0.5), 명명척도, 최빈값 ② 사분위편차 : (75번째 원점수−25번째 원점수) / 2, 편포에서 활용, 중앙치를 기준, 극단값의 영향 배제, 서열척도, 중앙값 ③ 분산(s^2)과 표준편차(제곱근 s^2) : 모든 자료 고려, 추정오차 가장 낮음, 사분위편차보다 극단값 영향 높음, 측정집단 개인차 알려줌
점수분포의 모양 − 편포	① 정규분포(정상분포) : 〈대단위 모집단〉 평균, 중앙값, 최빈치 일치 ② 부적편포 : 평<중<최, 왜도<0, 난이도 지수가 높다. ③ 정적편포 : 최<중<평, 왜도>0, 난이도 지수가 낮다.
변환점수의 정의	원점수를 평균과 표준편차로 변형한 점수(단위 동질, 동간 척도) ① 측정단위가 다른 종목 간 능력 비교 가능 ② 서로 다른 집단, 동일 점수 얻은 피험자 능력 비교

- 변환점수의 유형	① 원점수 : 준거점, 동간성 없음, 척도단위 비동질, 비교× ② 백분위(rank) : 점수에 해당하는 누가백분율 % ③ 백분위 점수(score) : 각 등분 해당하는 원점수, 대소 ○, 동간성× ④ 표준점수(Z, T) : 개인점수에서 평균을 뺀 점수에 표준편차로 나누어준 점수, 준거점, 동간성, 척도단위 동질성 생겨서 상호비교 가능(다른 단위, 다른 집단)
- 표준점수 면적비율	34 / 14 1까지 68%, 2까지 95%
상관의 정의	두 변수가 모두 연속변수[동간, 비율척도(양적변수)]일 때, 한 변수가 변할 때 다른 변수가 변하는 관계의 강도, 관련 정도
- 공분산	공분산 = X변인편차 × Y변인편차 / 사례수 : 범위가 넓어 자료해석 어렵다. 계산하기 쉽게 X, Y의 표준편차 곱으로 나누어서 상관계수로 만듦
- 상관계수의 방향과 크기	방향 : -1(부적상관)~0~+1(정적상관) 크기 : 계수의 절댓값 r = 0.6~0.8 상관이 높다. r = 0 상관 없다. 상관계수 = 서열척도, 질적 자료, 대소구분, 덧셈 ○, 승제 ×
- 상관계수의 유형	① 등위차 상관계수(스피어만) ② 적률상관계수(피어슨) : 한 변인에 관한 측정치 점수로 다른 변인을 예측 [(연속변인)동간, 비율척도]
1) 등위차 상관계수(분석) (p)(스피어만)	순위의 상관 정도, 사례수 30명 이하, 서열척도
2) 적률상관계수(분석) (r : -1~1)(피어슨)	점수의 상관 정도, 사례수 100명 이상, 동간척도 이상 영향요인 : 직선성, 표본사례수(안정성), 점수분포의 동질성(분산)
- 결정계수	전체 변량 중 두 변인이 공통적으로 관련되어 있는 변량비율 Y의 변화량 중에 X요인으로 설명되는 변화량의 비율 상관계수의 제곱, r^2. 전체 중 x%를 공통적으로 차지한다.

Theme 054 | 추리통계

추리통계의 정의	− 표집오차의 범위 내 표본통계치로 전집의 모수치 추론 대표성(무선표집) 있는 표본 → 외적 타당도(연구 신뢰도) 증가 → 일반화 z, t, F, x^2 변환점수 → 집단 간 차이 분석 가능 비모수통계 : 질적 자료, 비연속 자료(명명, 서열) 모수통계 : 양적 자료, 연속 자료(동간, 비율)
표집방법(선발)	① 확률 표집 : 단순 무선 표집(전집 각 사례 뽑힐 확률 동일) ② 비확률 표집 : 할당, 의도적, 우연적 표집
배정방법(배치)	① 단순 무선 배정 : 난수표, 동전 던지기 ② 무선 구획 배정 : 영향을 미칠 수 있는 외적 변인에 구획을 설정, 독립변인과 같이 취급, 가외변인 통제
가설검정 : 영가설과 대립가설 z, t, F	표본 정보로 가설의 옳고 그름을 검증하는 것 영가설 H0 : 차이가 없다. 대립가설 H1 : 차이가 있다(연구자가 밝히고자 하는 가설).
− 일방검정	한 방향(5%), 크다 / 작다
− 양방검정	양쪽 방향(2.5% / 2.5%), 있다 / 없다
− 유의수준 α (유의도, 유의확률 p)	1%, 5%, 10%, 오차의 정도. 저만큼 영가설은 기각하겠다. (검정통계치가 분포에서 나타날 확률)
* 대립가설 채택, 영가설 기각하는 두 가지 조건	① 유의도(P) < 유의수준(α) 5%(0.05) ② 검정통계치(ztF) > 기각치(일방검정 때 한 방향, 양방 땐 둘)
− 가설검정의 오류 : 1종 오류	영가설이 옳음에도 영가설을 기각하는 오류확률
− 가설검정의 오류 : 2종 오류	영가설이 옳지 않음에도 영가설을 채택하는 오류확률
1) z검정	(대표본) 분산 알고 사례수 100 이상
2) t검정	(소표본) 분산 모르고 사례수 30 이하 두 집단의 평균차이 검증하는 방법
− t검정 사용 전제조건	🎧 정단동연 ① 모집단은 정상분포원리 이용 ② 전집으로부터 단순무선표집(배정) ③ 두 표본 동분산 가정 ④ 연속자료, 동간척도, 비율척도 수집
① 독립 t검정	두 모집단 특성 비교, 두 모집단 분산 모름, 사례수 적음(30명)
② 종속(대응) t검정	두 모집단 동일, 무선 표집된 한 표본, 동분산 검정 절차× 〈처치 전과 처치 후 비교, 효과 판단〉

3) F검정, 분산분석, 변량분석, ANOVA	세 집단 이상, 독립변인 2개 이상의 평균 차이 한 번에 검증 = 집단 간 변량[체계적 변량(오차변량 + 처치효과)] / 집단 내 변량(오차변량)
- 일원분산분석 (one-way ANOVA)	한 요인, 세 집단
- 이원분산분석 (two-way ANOVA)	두 요인, 세 집단 * 상호작용 효과 없을 때 × 주효과 분석함 * 상호작용 효과 있을 때 ○ 주효과 분석 안 함, 사후검증, 선 상호교차함
4) 카이자승법, 교차분석	명명자료, 서열자료의 검증(만족도, 선호도) 영가설 기각의 두 가지 조건 적용하기
(양적-모수통계) 상관연구	동간척도 이상 - 적률 상관계수(100명 이상, 점수로 표시) 서열척도 - 등위차 상관계수(30명 이하, 등위로 표시)
(양적-모수통계) 집단연구	변량 수 2개 이하 - 모집단 분산 알면 z검정 / 모르면 t검정 변량 수 3개 이상 - 독립변수 1개 : 일원분산분석 독립변수 2개 : 이원분산분석
(질적-비모수통계) 집단비교	명명척도, 서열척도 - 비모수통계, 카이자승법, 교차분석
연구설계 타당도 - 내적 타당도 / 외적 타당도	🎧 내(성호선사), 외(대중상) 내적 타당도(성호선사) : 가외변인 통제, 독립변인이 순수하게 종속변인에 영향 미쳤다. 성숙, 호손, 선정, 사전검사 외적 타당도(대중상) : 연구결과 다른 사례에 일반화 가능한가. 대표성, 중다-처치, 피험자 선정과 처치 간의 상호작용
- 연구설계 내적 타당도 영향을 미치는 요인	🎧 성호선사 성숙 호손효과 : 실험 조사 대상인 것 의식 피험자 선정 차이 : 무선표집, 배정해야 함 사전검사 : 경험, 기억, 학습
- 연구설계 외적 타당도 영향을 미치는 요인	🎧 대중상 대표성 : 확률표집(단순무선표집), 단순무선배정 중다-처치의 간섭(한 피험자 여러 처치, 이전의 처치 경험이 존재) 피험자 선정과 처치 간의 상호작용
통계적 의사결정	따라서 X에 따라 Y는 차이가 있다 / 없다 따라서 X에 따라 Y는 크다 / 작다 따라서 상호작용에 의해서 결정된다. X에 따라 Y는 차이가 있다 / 없다

Chapter 8
측정, 평가

Theme 055 | 측정, 평가, 검사 분류

체육측정평가의 기본개념	측정 – 신뢰도(객관도) 검사 – 타당도, 신뢰도 평가 – 타당도
검사의 목적	동기유발, 성취수준 평가, 진단, 처방, 성적부여 분류와 선발, 향상도 평가, 미래 수행력 예측
향상도 평가 개념	1차 검사를 보통 수업 초기에 실시하고 학기 말에 2차 검사를 시행하여 둘 사이의 향상도를 측정하는 것
– 향상도 측정의 문제점	🎧 **척천, 향비** ① 척도 단위의 비동질성(천장효과) ② 향상도 점수의 비신뢰성 : 사전검사에서 최선을 다하지 않을 가능성, 사전검사에 대한 학생 동기화 곤란 : 성적반영조건, 사전검사 전 충분한 연습기간, 성숙요인 배제

Theme 056 | 검사의 종류

1) 선발적 교육관	소수의 우수자 선발, 측정관(신뢰도) 강조, 경쟁, 규준지향 평가
2) 발달적 교육관	모든 학습자에게 적절한 교수·학습 방법 제공된다면 누구나 주어진 교육목표 달성할 수 있다. 전인육성, 평가관(타당도) 강조, 협동, 준거지향 평가
평가기준	규준지향 평가 : 선발적 교육관, 경쟁, 집단 내 위치파악 목적, 서열화 목적, 선발목적 준거지향 평가 : 발달적 교육관, 협동, 학습목표 달성 여부 확인목적, 동기유발, 교수·학습 개선 정보 제공, 건강에 대한 정보 제공
평가시기(기능)	진단평가 : 출발점 위치 파악, 개인차 파악(학습 결손 유무 파악) 형성평가 : 수업 중 문제점 파악, 피드백, 동기, 교수·학습 개선 총괄평가 : 학생 성취수준 평가, 수업 효과 확인
평가대상	교사평가 학생평가 : 동료평가, 자기평가

평가 준거 요소 결정 시 가장 중요 고려	교사가 수업에서 학생들에게 지도할 내용
성취목표수준	최소 필수 능력 평가 : 기본 목표 달성 여부 최대 성취 능력 평가 : 최대 능력 발휘 평가
시간제한 여부	속도검사, 역량검사
평가의 본질 구현	전통적 평가 : 성취도 평가 중심, 일회적 표준화된 평가, 신뢰 수행평가(실제평가) : 실제성 있는 상황, 과정과 결과 평가, 타당
체육측정 평가의 최근 경향	준거지향 검사 강조 : 발달적 교육관, 모든 학습자, 교육목표 수행평가 강조 : 실제성, 결과 & 과정 중시, 체크리스트, 학생평가 건강 관련 체력 강조 🎧 심근유신(운동 관련 체력 🎧 **평민협순스**) cf) 학생건강 체력평가 🎧 **심근유순체 / 심비자학**

Theme 057 | 수행평가

수행평가의 개념	🎧 **실과결전** 실제적 수행과정에서 나타나는 지식, 기능, 태도에 대해 〈전문가적인 견해로 판단〉하는 평가방법 체크리스트, 서열척도, 포토폴리오, 학생평가 : 실제성, 과정, 결과 중시
수행평가적 실기평가	🎧 **수피노** 〈지속성(대회, 수시평가), 피드백, 학생노력 반영(부분 점수)〉, 과정중심 평가, 질적 평가, 의미중심 평가, 포토폴리오, 자기보고서, 대안평가, 집단연구
수행평가의 타당도	🎧 **교구내** 교수타당화 - 수업 목표 지향하고, 일치하는 계획, 수업, 평가 구인타당화 - 교수 계획과 수행과제 일치 내적타당화 - 교사가 계획한 수행과제와 의도한 정신기능 일치
수행평가의 신뢰도	🎧 **조협설** 구체적 조작적 정의 - 평정척도 객관성 최대로 확보 기준설정의 자의성 배제 - <u>평가기준에 대한 충분한 사전협의</u> 객관도 - 검사자 간 평가 일치 확보, 평가자에게 구체적 설명

Theme 058 | 체력검사

건강 관련 체력검사	🎧 심근근유신 심폐지구력, 근지구력, 근력, 유연성, 신체조성(체지방 낮추고 제지방 높이기)
운동 관련 체력검사	🎧 평민협순스 평형성, 민첩성, 협응력, 순발력(50m, 제자리멀리뛰기), 스피드
학생건강 체력검사 필수평가	🎧 심근유순체 심폐지구력 : 왕복오래달리기, 오래달리기-걷기, 스텝테스트 근력·근지구력 : (무릎대고) 팔굽혀펴기, 윗몸일으키기 유연성 : 앉아윗몸앞으로굽히기 순발력 : 50m 달리기, 제자리멀리뛰기 체지방 : 체질량지수, 체지방률
학생건강 체력검사 선택평가	🎧 심비자학 심폐지구력 정밀평가 : 심박수 측정장비 사용 비만평가 : 생체전기저항측정법 자기신체평가 : 20문항 설문지 학생자세평가 : 설문지
*비만도 측정방법	🎧 수체생두 수중체중측정법 : 신체밀도추정, 신체부피=대기중체중-수중체중(밀어낸 물부피) 체질량지수측정법 : BMI=kg/m^2 생체전기저항분석법 : 음식과 수분섭취 피한다. 피부두겹법 : 피부 두겹두께를 측정하여 체지방률을 추정한다.
*체중조절	에너지 섭취량과 에너지 소비량 비만 예방 및 해소 방법

Chapter 9
통계

Theme 059 신뢰도 / 타당도

신뢰도의 이해(일관성)	검사도구가 측정하고자 하는 것을 얼마나 일관성 있게 측정하고 있는지를 나타내는 검사도구의 양호도이다(평가조건). ① 신뢰도: 두 동형검사 관찰점수의 상관, 1.0 ② 신뢰도: 전체 관찰점수 분산 중 진점수 분산이 차지하는 비율 ③ 평가자 간 신뢰도: 조작적 정의, 협의, 설명
타당도의 이해(적절성)	검사도구가 측정하고자 하는 것을 얼마나 적절하게, 정확하게 측정하고 있는가를 나타내는 검사도구의 양호도이다(평가내용). 예 표적에 다양한 성취수준을 제시함으로써 슛의 정확성을 더 타당하게 평가할 수 있다.
- 상관과 신뢰도	신뢰도는 관찰점수와 진점수 간 상관을 제곱한 값, r^2(결정계수)
신뢰도와 타당도의 관계	🎧 신필타충 타당한 검사점수 분산, 신뢰도가 있어야 타당하다. 신뢰도 필요조건, 타당도 충분조건

Theme 060 | 고전 검사 이론(= 고전 진점수 이론)

고전 검사 이론	관찰점수 = 진점수 + 오차점수 관찰점수 분산 = 진점수 분산 + 오차점수 분산 진점수 = 동일 검사 동일 대상자 독립적 반복했을 때 얻어지는 검사점수들의 평균 점수 / 무한 반복 어려움, 독립검사 어려움
- 측정의 오차, 오차점수	체계적 오차 : 모든 대상자 동일하게 발생, 오차×, 신뢰도에 영향×, 타당도에 영향을 줌 비체계적 오차 : 대상자마다 다르게 나타나는 오차 ○, 신뢰도영향 ○
고전 검사 이론	 난별오, 적높적(소수점) 문항수정 : 난이도지수 높을 때(0.5 적절), 변별도 낮을 때(1에 가깝게), 반응수준 낮을 때(적절하게)
- 난이도	난이도지수 = 정답자 수 / 전체 응답자 수 = 정답률 적절해야 함
- 변별도	변별도 = 상위그룹 정답자 수－하위그룹 정답자 수 / 한 집단 수 음의 변별도 : 하위수준 학생 정답비율 높음 높아야 함
- 오답지 매력도(반응수준)	(1－정답률) / (답지수－1) 적절해야 함

Theme 061 | 문항 반응 이론

문항 반응 이론, 문항 특성 곡선	🎧 난별추, 적높낮(소수점) (난이도 = 어려운 정도)
- 문항 난이도	0.5의 정답 확률 가진 지점에서 곡선에 닿아 내린 능력 수준 적절해야 함
- 문항 변별도	문항 난이도 나타내는 지점에서의 기울기 높아야 함
- 문항 추측도	y절편 능력 0인 학생의 정답률 낮아야 함

062 | 규준지향평가의 양호도 🎧 내준(공예)구(상실집요), 재동내(반크)급측

* 규준지향평가의 타당도 추정방법		🎧 내준(공예)구(상실집요) 내용타당도, 준거타당도(공인타당도, 예언타당도), 구인타당도(상관계수)
1) 내용타당도		전문가 의견으로 검사도구나 측정원리가 목적에 적합한지 검토 이원목적분류표, 내용(영역) + 행동(지식기능태도, 수준) 문항들 한두 가지 내용에 치우치지 않도록, 타당도 높이기 위해
2) 준거 타당도	정의	어떤 검사항목, 도구와 준거검사와의 상관계수를 비교하여 타당성을 검증한다. 객관적 수치로 나타낸다.
	① 공인타당도	전통-현장 도구의 점수결과 동시에 비교, 상관계수 값 산출 비교하여 타당성을 검증한다.
	② 예언타당도	현장-미래 결과 점수 비교, 준거타당도(r값), 두 가지 다른 평가도구 추정의 표준오차 : 회귀방정식(상관에 의한 예언)의 정확성 정도 나타내는 지수 (교차 타당화 절차) * <u>추정의 표준오차 Y = a(상관계수)X + b</u>
3) 구인타당도		🎧 상실집요(평정척도) ① 상관계수법 : 총점과 구인과의 점수 상관계수. 수렴 / 판별 ② 실험설계법(집단차이방법) : 실험집단과 통제집단의 처치 후 평균점수 비교, 능력수준이 높은 집단과 낮은 집단에게 검사를 실시하여 점수 차이가 많이 나타나면 타당한 구인으로 판단, 학생평가에 사용할 수 있다. ③ 요인분석법 : 여러 변수 간 상호관계 분석, 상관이 높은 변수들만 모아 요인으로 명명, 분산분석
* 규준지향평가의 신뢰도 계수 추정방법		🎧 재동내(반크)급측
1) 재검사 신뢰도 (안정성 계수)		<u>동일 검사 동일 집단 두 번 실시 두 점수 간 상관 분석</u> 심동적 영역에 효과적, 검사도구의 안정성, 일관성 추정
- 문제점		🎧 반간 ① 반복수행효과 : 연습효과, 학습효과, 태도 - 과대 or 과소 추정 ② 검사 간 간격의 문제 : 짧(연습, 기억, 피로), 긴(성숙, 태도)
2) 동형검사 신뢰도		두 개의 동형검사 동일한 집단에게 시행 후 두 검사 점수의 상관 분석. 일관성 (동일한 내용, 문항 수, 난이도, 변별도)
- 문제점		🎧 반완 ① 반복수행효과, ② 완벽한 동형검사 문제 제작의 어려움

3) 내적 일관성 신뢰도	① 반분검사 신뢰도	한 번 시행한 검사 점수를 두 개로 나누어 두 점수의 상관계수로 추정, 피로와 연습 효과 배제 위해 짝수-홀수 시행(앞쪽-뒤쪽×), 난이도와 피로 등 수행조건 일치시키기 장점 : 한 번의 검사로 신뢰도 추정 단점 : 검사 양분 방법에 따라 신뢰도 계수 달라짐
	② Cronbach α 계수 - 문항내적 합치도	문항내적 합치도, 문항의 분산을 이용하여 '신뢰도 추정 총점의 분산에 비해 각 문항 분산이 작을수록 계수 증가, 각 문항에서 피험자들이 유사한 점수, 상관이 크면 α계수 증가 장점 : 검사 두 번, 반분하지 않고 신뢰도 추정할 수 있음 단점 : 동일 구인 묻는 문항 신뢰도 추정에만 사용 가능
4) 급내상관계수(ICC) (평가자 내, 간 신뢰도)		연속변수, 1명 평가자 3번 이상 〈반복〉측정 후 분산분석 or 3명 이상 평가자 측정한 측정치의 분산 성분 분석 (고검)신뢰도 = 관찰점수 분산 중 진점수 분산이 차지하는 비율 일원 분산분석 - 요인 하나, 평가(자) 셋 이상 이원 분산분석 - 요인 둘, 평가(자) 셋 이상, <u>상호작용 효과 오차로 간주</u>
5) 측정의 표준오차(SEM) (절대신뢰도) (평가자 내 신뢰도)		한 사람에게 동일 검사 무수히 많이 시행, 얻어지는 검사점수의 표준편차 / 한 개인의 검사점수에 대한 신뢰도 평가 SEM 작으면 오차 줄어든다. 신뢰도 상승 측정의 표준오차 = 표준편차 × 루트 1-CC(급내상관계수) 신뢰도 추정의 표준오차 Y = a(상관계수)X + b (예언)타당도 cf) 추정의 표준오차 : 예언타당도, 회귀방정식의 정확성 정도
신뢰도 영향요인		∩ 환평수검 검사환경 : 교사의 패스, 날씨, 소음 평가자 : 검사에 대한 이해력, 검사경험, 검사자 수 수행자 : 능력, 소질, 동기, 컨디션, 사전경험, 검사기억, 피로 검사(길이, 특징, 도구) : 문항수, 체력검사 > 운동검사, 신뢰도 계수의 종류
객관도 향상 전략		∩ 조협설 조작적 정의의 명확성 : 명확한 채점 기준 작성, 구체화, 합의 평가자 간의 사전 협의, 훈련, 책임의식 평가기준 학생들에게 사전 설명, 좋은 예, 나쁜 예 제시

Theme 063 | 준거지향평가의 양호도 🎧 영결, 합카

준거지향평가	숙달학습 – 목표달성했는가 체력검사 – 건강한가 건강검사 – 안전한가
준거지향 검사의 문제점	① 준거의 자의성 : 기준설정에 평가자의 자의성 개입, 과학적 방법, 전문가 집단에 의한 기준 설정 ② 분류오류 : 기준점수가 오직 하나일 때 오완수자, 오미수자로 잘못 분류할 오류 발생, 2개 이상의 기준점 설정, 반복측정
*준거지향 평가의 타당도 추정방법	🎧 영결
1) 영역 관련 타당도	준거행동을 대표할 수 있는 항목들 제대로 구체화하고 평가에 포함 – 내용타당도와 유사
2) 결정 타당도	분류의 정확성 의미, 유관표 사용 – 수료자, 미수료자 유관표 작성 비교, 진완수자 진미수자 – 분류정확확률 0.8 이상 되어야 함(0.5는 타당도 전혀 없다.)
– 피험자 참상태 분류 방법	🎧 검집경 ① 준거검사 활용 : 준거검사로 피험자를 분류 ② 준거집단 활용 : 두 개의 준거집단 선정, 학습 전 / 후 집단의 점수분포 교차점으로 피험자 구분〈교차하는 점을 기준으로 설정〉 ③ 경계집단 활용 : 완수자와 미수자로 분류되지 않은 경계집단의 중앙값을 기준으로 피험자 분류〈교차하는 점을 기준으로 설정〉
– Berk 기준설정방법	① 판단적 방법 : 전문가 집단의 판단으로 준거행동 기준 설정, 기준의 자의성 문제 발생 ② 판단–경험적 방법 : 전문가 판단 의존 + 경험 자료 참고 ③ 경험–판단적 방법 : 경험 자료 의존 – 전문가 판단 참고
*준거지향 평가의 신뢰도 추정방법	🎧 합카
1) 합치도(일치도) 계수	분류의 일관성 의미, 유관표 작성 – 검사도구의 1차 검사와 2차 검사 유관표 작성, 비교 유관표활용, 합치도계수 P = 진완수자 + 진미수자 우연 배제 불가, 우연적으로 합취되는 경우 고려 ×
2) 카파 계수	진완수자 미완수자로 잘못 분류되는 우연성 배제

# 실전 전공체육

3
스포츠 심리학, 운동제어학습

CHAPTER 10 스포츠 수행의 심리적 요인

CHAPTER 11 심리기술 훈련과 향상

CHAPTER 12 운동 심리학

CHAPTER 13 스포츠 심리학

CHAPTER 14 운동 학습의 이론적 기반

CHAPTER 15 운동 제어

CHAPTER 16 운동 학습

Chapter 10
스포츠 수행의 심리적 요인

Theme 064 | 성격

성격의 특성	🎧 독일경 독특성, 일관성, 경향성
Hollander 성격의 구조	🎧 핵전역 심리적핵, 전형적반응, 역할행동
특성이론 빅파이브 성격	🎧 불외개호성 정서적 불안정성, <u>외향성</u>, 개방성, 호감성, 성실성
반두라 사회학습이론	🎧 개중사 개인적 특성 + 중요타자와의 상호작용 + 사회화 = 성격형성(환경에서 관찰, 강화)
Morgan 우수선수성격, 빙산형 프로파일	🎧 긴우분피혼/활 긴장, 우울, 분노, 피로, 혼란 / 활력

Theme 065 | 동기

• Deci, Ryan 인지평가 이론 본능적인 욕구	🎧 자유 자결성, 유능성
– 인지평가이론의 외적보상과 내적동기	– 외적보상을 어떻게 해석하느냐에 따라 내적동기 달라진다. – 통정 / 내외, 긍부 / 자유 / 내적동기 증감
– 인지평가 이론 : 사건 (외적보상)	통제적 측면 – 내적 / 외적 자결성, 내적동기 증가 정보적 측면 – 긍정적 / 부정적 유능감, 내적동기 증가
• Deci 자결성 이론의 3가지 전제, 심리적 매개변인, 상황요인	🎧 자유관 자결성, 유능성, 관계성
– 자기결정성 연속체, 7가지 동기유형	🎧 무, 외(외의확), 내(지성감) 무동기(학습된 무기력, 노력회피, 무기력 신념, 전략의 미흡, 능력 부족, 귀인재훈련), 외적동기(외적 규제, 의무감 규제, 확인 규제 + 통합 규제), 내적동기(지식습득, 과제성취, 감각체험)

1) 무동기 : '학습된 무기력'의 정의	나쁜 결과에 대한 통제감 상실, 실패할 수밖에 없다고 믿음
1-1) 무동기의 네 가지 유형	🎧 노무전능 노력회피, 무기력 신념, 전략의 미흡, 능력부족
1-2) 학습된 무기력 해결 방안	귀인재훈련 : 부적절한 귀인을 변화시켜 긍정적인 행동을 이끄는 귀인 패턴 발전 → 내적, 불안정적, 통제 가능한 노력에 귀인
2) 외적동기	외적 규제 : 외적보상받기, 처벌피하기, 강요에 의해 예)심심해 의무감 규제 : 부정적 평가 싫어서, 죄책감, 자기비난 회피 위해, 자신 스스로 압력 예)창피함, 환자라서 해야 함 확인 규제 : 스스로 목표로 선택, 운동외적 결과 위함, 즐거움× 예)살 빼기 + 통합 규제 : 마땅히 해야 할 일
3) 내적동기	지식습득 : 배우는 것 즐거움 과제성취 : 성취감, 만족감 위해 감각체험 : 감각 자체의 즐거움 위해
• Weiner 귀인이론의 차원	🎧 인안통 인과성(내적, 외적) – 긍지 or 창피함 : 정서반응 안정성(안정적, 불안정적) – 미래성공의 기대 통제가능성(통제가능, 통제불가능) – 긍지 or 창피함 : 정서반응
– 3차원 귀인 요인	🎧 능노난운 능력, 노력, 난이도, 운
• Nicholls, 성취목표 성향이론 🎧 과자성	과제목표성향 : 비교준거 자신 – 숙달중시, 수행목표, 기술향상, 노력 자기목표성향 : 비교준거 타인 – 수행중시, 결과목표, 타인압도, 재능
• 동기분위기 이론 🎧 숙수분	숙달중시 분위기 : 협동, 노력, 향상도, 학습자 의사결정 반영 수행중시 분위기 : 경쟁, 승리, 비교평가, 교사주도 의사결정
• 목표유형 / 피드백지식 유형 🎧 과수결목 🎧 수결식	과정, 수행, 결과 목표 / 수행, 결과 지식
– 숙달중시 분위기 동기 유발 타깃 전략	🎧 과권인집평시 과제, 권위, 인정, 집단편성, 평가, 시간
내적동기 강화	인지평가이론(통제내적, 정보긍정) – 자기결정성이론(배움, 과제달성, 감각체험) – 과제목표성향 – 숙달중시 분위기 – 수행목표 🎧 과숙수
외적동기 강화 (내적동기 약화)	인지평가이론(통제외적, 정보부정) – 자기결정성이론(외적 규제, 의무감 규제, 확인 규제) – 자기목표성향 – 수행중시 분위기 – 결과목표 🎧 자수결

Theme 066 | 불안

러셀의 정서 차원		🎧 불흥지이 불안, 흥분, 지루, 이완 / 각성, 비각성-쾌, 불안이완-지루흥분
불안의 증상		생리적 증상 : 심장박동, 땀, 자율신경계 심리적 증상 : 걱정, 집중력의 폭 행동적 증상 : 말, 손톱 뜯기
• 불안의 개념		🎧 상특경 상태불안, 특성불안, 경쟁불안
1) 상태불안의 정의		각성을 수반하는 상황에 따라 변하는 정서, 자율신경계의 활성화로 우려나 긴장감이 나타나는 부정적 상태
- 상태불안의 종류		인지적 상태불안 : 상황에 따라 변하는 걱정이나 부정적 생각 신체적 상태불안 : 상황에 따라 변하는 지각된 생리적 반응 * 다차원불안이론 : 인지불안과 신체불안은 서로 독립적 존재
2) 특성불안의 정의		객관적 위협의 강도와 관계없이 상태불안 반응을 나타내는 개인의 후천적으로 습득된 행동 경향
3) 경쟁불안의 정의		= 경쟁 특성불안 + 경쟁 상태불안(신인) 경쟁 특성불안 : 경쟁적인 스포츠 상황을 위협적으로 지각하여 발생하는 우려나 긴장 경쟁 상태불안 : 특정 경쟁상황에서 일시적으로 느끼는 우려나 긴장 원인 : 실패에 대한 공포, 통제력의 상실(심판의 불공정)
불안 측정 단일 차원	- STAI, Spielberger 상태 특성불안 검사(STAI)	🎧 특상 특성불안, 상태불안
	- SCAT, Martens 스포츠 경쟁불안 검사(SCAT)	- 경쟁 특성불안
불안 측정 다차원	- CSAI-2, Martens 경쟁상태불안 검사지(CSAI-2)	🎧 신인상 신체상태불안(몸, 메스꺼움, 땀), 인지상태불안(걱정, 의심), 상태자신감
• 불안과 운동수행 8개		🎧 추역최다 격전심단 추동, 역U, 최적수행지역, 다차원, 격변, 전환, 심리적 에너지, 단서유용
1) 추동(욕구)이론		각성수준과 수행력 비례 * Zajonc 사회촉진이론 : 숙련자, 단순과제, 학습된 과제, 수행↑ 　　　　　　　　　　　초보자, 복잡과제, 새로운 과제, 수행↓
2) 역U자 가설		적정 각성수준에서 최고의 수행 발휘, 과제마다 각성수준 다름 개인의 능력 축 / 과제의 특성 축으로 분리

3) 최적수행지역 이론(ZOF)	각성에 개인차가 있다. 각성 범위가 있다.
4) 다차원 불안 이론	인지적 불안은 수행에 부정적 영향 : 부적상관 (염려) 신체적 불안은 적정수준에서 최고의 수행 기여 : 역U자
5) 격변(카타스트로피)이론	인지불안 높을 때 신체각성 적정 수준 넘지 않게 한다. 낮은 인지불안일 때 – 신체적 불안 역U자 높은 인지불안일 때 – 신체적 불안 증가 중 한 시점에서 수행력 급격히 저하 * 수행력 급격히 추락하면, 시간을 두고 완전한 신체이완 뒤 수행 시도
6) <u>전환(반전)이론</u> <u>(Kerr, Smith & Apter)</u>	자신의 각성수준 어떻게 해석하느냐에 따라 기분상태 달라진다 불안 긍정적 해석으로 불쾌감정 유쾌감정으로 바꾸게 한다. 🎧 불흥지이 각성-기분상태 그래프 높은 각성 : 불안 → 흥분 / 낮은 각성 : 지루 → 이완 변화가능
7) 심리에너지 이론 (Matrtens)	긍정적 심리에너지 높고, 부정적 심리에너지 낮을 때 최고수행
8) 단서활용이론 (Esterbrook)	각성이 증가함에 따라 주의영역 좁아진다. 적정각성 필요 적절단서, 부적절단서 선택 반응 정도

Theme 067 | 불안해소기법

생리적 기법	🎧 자체점호바 자생훈련 : 무거움, 따뜻함, 심박수, 호흡수, 복부의 따뜻함, 이마의 차가움, 자기최면기법 체계적 둔감화 : 불안유발상황 점진적 접근하여, 불안조절하기 점진적 이완기법 : 긴장된 근육 최대 수축 후 점진적 이완 호흡조절 : 긴장유발 원인으로부터 호흡으로 주의전환 바이오피드백 : 감지장치로 인체 자율신경계 반응 자각, 조절
인지적 기법	🎧 인사자 인지재구성 : 비합리적 신념을 합리적인, 이성적 신념으로 변화 통제가능한 것에 귀인, 부정적 생각을 긍정적 생각으로 사고정지 : 부정적 생각에 정지 외치기 자화 : 피그말리온 효과, 부정적인 것에서 긍정적인 것으로

Theme 068 | 심리기술 훈련

Vealey 심리기술 내용, 목적	불안조절, 자신감 향상, 주의조절, 의지, 동기, 자아존중감
Vealey 심리기술 훈련 방법	🎧 **목심신사** 목표설정, 심상, 신체이완, 사고조절
심리기술 훈련의 단계, 절차	🎧 **교습연** 교육단계 – 습득단계 – 연습단계(반복, 일지, 적용)

Theme 069 | 스트레스

스트레스 요인	🎧 **개자특 상중불** 개인적 요인 : 자아존중감, 특성불안 상황적 요인 : 시합의 중요성, 시합의 불확실성
– MaGrath 스트레스 과정	🎧 **요지스행** 환경적 요구, 환경요구의 지각, 스트레스 반응, 행동결과
– 과훈련	'매우 많은 운동량 비정상적으로 수행하는 훈련과정'
– 소진	'과훈련으로 인해 선수들이 일상적인 훈련을 소화하기 어렵고, 이전의 경기 수행력에 도달할 수 없는 상태' 강도 높은훈련에 따른 생리적인 부정적 반응과 감정이 합쳐진 상태다.
– 탈진	'스포츠 참가에 대한 부정적 감정 반응' 참가중단 심리적·정서적으로도 고갈되는 것을 의미. 스포츠에 대한 긍정적 가치의 감소, 타인과의 관계에서 부정적 태도 형성, 비인격화, 운동성취의 결여 등과 관련 있다.

Chapter 11
심리기술 훈련과 향상

Theme 070 | 목표설정

목표의 유형	🎧 수결 목 수행목표 : 자신이 통제할 수 있는 목표(자신의 이전 수준, %) 결과목표 : 자신이 통제할 수 없는 외적요인에 의한 목표달성 여부결정(메달획득, 조절 ×)
머튼, 목표의 유형	🎧 과수결 목 과정목표 : 질적인 면에 초점을 둔 목표설정 수행목표 : 자신의 과거 수행과 비교하여 목표설정, 비율, 통제가능 결과목표 : 수행의 결과에 초점을 둔 목표설정, 외적통제요인
목표설정의 원리	실현가능한 도전적 목표설정, SMART 결과목표와 과정목표 설정, 구체적인 목표설정, 목표게시

Theme 071 | 자신감

Bandura 자기효능감의 원천, 향상전략	🎧 과간언신 과거 성공경험 : 변형 게임으로 성공경험 제공 간접경험 : 잘하는 학생의 시범 통해 성공경험 보기 언어적 설득 : 칭찬과 격려로 축구수행 도움 주기 신체적·정서적 각성 : 각성, 긍정적 해석 통해 최상의 컨디션 유지
Harter 유능성 동기이론	유능성 동기 요인 : 동지통(동기, 지각된 유능감, 통제감) → 학생 수준에 맞는 난이도 제공, 성공경험 제공, 긍정적 피드백 제공 숙달시도(선천적 동기) - 성공적 수행 - 긍정적 자기효능감 - 높은 유능성 동기 - 숙달시도 - 높은 신체적 유능감
Vealey 스포츠 자신감 이론	🎧 객 + 특경 = 상 객관적 스포츠상황 + 특성 스포츠 자신감 + 경쟁 지향성 → 상태 스포츠 자신감 게임 통해 지속적 성공경험 제공하기

Theme 072 | 심상

심상의 특징	🎧 회여외 회상과 창조, 여러 감각의 동원, 외부자극 제거
심상의 유형	내적심상 : 자신의 이마에 달린 눈, 모든 운동감각 동원, 우수선수 외적심상 : 타인의 눈으로 관찰, 주로 시각
심상의 중요요소	🎧 선조 선명도 : 실제 장면 가깝게 다양한 감각 동원하여 생생하게 심상 조절력 : 이미지를 원하는대로 바꿀 수 있는 능력, 성공 장면 떠올리기
심상이론	🎧 심상심 심리신경근이론 : 심상할 때 근육에 자극, 근육 운동기억 강화 상징학습이론 : 어떤 동작 중추신경계에 부호로 저장 및 자동화 심리생리적 정보처리이론 : 자극전제-반응전제(수정, 강화)
심상훈련 프로그램 개발	🎧 교측습연수 교육, 측정, 습득, 연습, 수정 단계

Theme 073 | 루틴

루틴의 정의	최상의 운동수행 위해 계획한 자신만의 고유한 동작이나 절차 루틴 만들어 반복연습하여 결정적 순간에 흔들리지 않기
루틴의 유형	🎧 전(목순공시), 간(휴정집), 후(신장심)/미니(행인) 경기 전 루틴 : 목표, 순서, 공간, 시간 수행 간 루틴 : 휴식, 재정비, 재집중 경기 후 루틴 : 신체적 부분, 장비 부분, 심리적 부분 미니루틴 : 행동전략, 인지전략
수행루틴(미니루틴, 프리샷루틴)	행동적 요인 : 행동전략 - 행동체계 일관성 유지 : 신체이완, 프리샷루틴 인지적 요인 : 인지전략 - 인지체계 일관성 유지 : 인지재구성, 자화, 긍정
루틴의 효과(Taylor)	🎧 적조준통자 적응력, 조절력, 준비, 통합능력, 자각 신체불안 + 인지불안 감소 + 집중력 증대 = 최상의 운동수행

Chapter 12
운동 심리학

Theme 074 | 운동의 심리적 효과

기분상태 프로파일, 기분상태검사지	🎧 긴우분피혼 / 활 긴장, 우울, 분노, 피로 / 활력
운동의 심리적 효과기제	🎧 엔모(세도노)주 엔돌핀 가설, 모노아민 가설(세로토닌, 도파민, 노르에피네프린), 주의분리 가설
러너스하이	시공간 초월 몰입상태, 최고수행
운동중독	일차 운동중독 : 운동 자체에 중독 이차 운동중독 : 다이어트 효과에 집착한 운동중독
칙센트미하이 몰입모형	🎧 기도 / 불몰무이 / 균목변내 기술 (학습자 기술수준) <table><tr><td>불안</td><td>몰입</td></tr><tr><td>무관심</td><td>이완</td></tr></table> 도전(과제난이도) → 자신의 기술과 도전(과제난이도) 균형 이룰 때 몰입 발생 <u>도전-기술 균형, 자기목적적 경험, 변형된 시간감각, 내적동기</u>

Theme 075 | 운동실천이론 🎧 건합계 사행

1) 건강신념모형(방어동기 이론) Becker & M	질병의 위험성 인식, 실천에 따른 혜택과 손실 인식 행동실천의 단서 : 중재전략 by 교사, 언론, 주변 질병 목격 질병으로부터 보호하겠다는 결정 : 위협평가, 대처평가
2) 합리행동 이론 Ajzen & Fishbein	행동에 대한 <u>태도 + 주관적 규범</u>(주변의 압력과 기대) → 의도, 행동
3) 계획행동이론 Ajzen	행동에 대한 <u>태도 + 주관적 규범 + 행동통제인식</u> → 의도, 행동
4) 사회생태학 이론	개인 + 사회(정책) + 환경(물리적)
5) Prochaska & DiClemente 행동변화 단계 모형, 행동변화 통합이론	행동변화의 단계 : 무관심, 관심, 준비, 실천, 유지 행동단계 변화요인 : 자기효능감, 의사결정 균형, 변화과정

- 행동변화의 단계 / 중재전략	🎧 무관준실유(66166) 5유지단계 - 6개월 이상○ / 내적동기 올려주기 4실천단계 - 6개월 이내○, 가장 불안정 / 계획표, 방해요인 극복 3준비단계 - 1개월 이내 / 성공경험 주기 2관심단계 - 6개월 의지○ 운동× / 혜택 조언하기 1무관심단계 - 6개월 의지× / 혜택 정보 제공하기
- 행동단계 변화요인	🎧 자의변 자기효능감 : 무관심 단계에서 가장 낮음, 과간언신으로 높이기 의사결정 균형 : 혜택(즐거움, 건강증진) & 손실(시간, 장비구입) 비교, 　　　　　　　준비단계(혜택＞손실) 변화과정 : 인지적 과정(혜택인식 높이기), 행동적 과정(강화관리)
- 시사점	동기수준을 알고 단계 맞춤식 중재전략 제공

Theme 076 | 운동실천 중재전략

운동실천 영향요인	🎧 개사환운 개인요인, 사회적 요인, 환경요인, 운동특성요인
실천촉진 사회적 지지의 유형	🎧 도서정동비 도구적, 정서적, 정보적, 동반적, 비교확인 지지
- 행동 수정 전략	🎧 환참물 환경적 자극 제공, 행동단서 제공, 의사결정단서, 프롬프트 참여율 피드백 제공 : 출석상황 게시 물질적 보상 제공, 피드백 제공
- 인지 전략	🎧 선계 선택권 부여 : 스스로 목표설정하기 운동계약 : 성공, 실패 결과 정하기, 의지키우기
- 내적동기 전략	몰입상태 유지 위해 학습자 기술수준과 도전(난이도) 일치
- 외적동기 해석, 자결성 이론	🎧 무외(외의학)내(배달감) 무동기 - 외적동기(외적 규제, 의무감 규제, 확인 규제) 　　　　- 내적동기(배움, 과제달성, 감각체험) 동기수준 향상시키기, 긍정적 정보 + 내적 통제성 자기 결정성 높이기

Chapter 13
스포츠 심리학

Theme 077 | 사회적 태만현상(링겔만 효과)

사회적 태만현상 링겔만 효과의 요인	🎧 할최무반 할당 전략 : 혼자일 때 더 잘하기 위해 여럿일 때 힘을 절약 최소화 전략 : 가능한 힘을 아껴서 목표를 달성하려는 정도 무임승차 전략 : 남들의 노력에 편승하여 공짜로 혜택받고자 함 반무임승차 전략 : 남들의 무임승차 원치 않으므로 나도 게으름
- 사회적 태만 감소방안	개인노력에 대한 기록과 확인, 팀목표와 개인목표 설정 개인의 노력이 집단 성과에 기여한다는 믿음 사회적 태만 허용상황 규정하기
Steiner 집단 효율성, 집단 실제생산성	🎧 조 = 잠 - 과 조직효율성(실제생산성) = 잠재적 생산력 - 과정손실(조동) 잠재적 생산력 - 자원(지식, 기술, 능력)의 총량 조정손실 - 잘못된 타이밍, 잘못된 전략 동기손실 - 최대 노력 기울이지 않음, 나 하나 쯤이야
- 종목별 사회적 태만 감소 전략	상호작용 종목 : 조정손실 줄이기. 농구, 배구 - 전략연습 공행-상호작용 종목 : 동기 + 조정손실 줄이기. 조정, 야구 공행 종목 : 동기손실 줄이기. 수영

Theme 078 | 집단응집력

* 집단응집력 결정요인 (Carron)	🎧 환개리팀 환경요인(법규, 규모), 개인요인, 리더십요인, 팀요인(능력, 목표, 승부욕)
Gruber, Gray, TCQ, 응집성 측정	🎧 과(팀개과), 사(소인자) 과(팀개과) - 팀성적, 개인성적, 과제 만족도 사(소인자) - 소속감, 인정, 자부심
Carron, Brawley, Widmeyer, GEQ, 집단환경질문지, 응집성 측정	🎧 통과사, 개과사 집단통합 - 과제차원 / 사회차원 집단에 대한 개인매력 - 과제차원 / 사회차원
팀구축 프로그램(Carron)	🎧 환구과집 1 환(독근), 1 구(명규리), 2 과(희목협상), 3 집(과사)
1) 팀 환경요인(선행변인)	독특성, 근접성
1) 팀 구조요인(선행변인)	역할명료성 : 각자 역할 책임, 논의 팀 규범 수용, 팀 리더십
2) 팀 과정요인(과정변인)	희생, 팀목표, 협동, 상호작용
3) 집단응집력(결과변인)	과제응집력, 사회응집력

Theme 079 | 리더십

리더십 이론의 종류	보편 특성적 접근 : 카리스마 보편 행동적 접근 : LGBQ 리더십 모형(배려성, 주도성), 팀형(9,9) 상호작용적 접근 : 상황부합이론, 다차원적 리더십 모형
• Fiedler 상황-특성이론, 상황부합이론, 유관이론	🎧 관구권 / 과관 리더와 성원의 관계, 과제구조, 리더의 지위권한과 권위 상황적 호의성(고통제 / 저통제 : 과제지향 리더)(중간 - 관계지향)
- 리더의 유형	과제지향 리더 : 고통제, 저통제 상황에서 효과적 관계지향 리더 : 중간통제 상황에서 효과적
• Chelladurai 상황-행동이론, 다차원적 리더십모형	🎧 선(상지구) / 지(규실선) / 결(수만) 선행요건(상지구) - 지도자행동(규실선) - 결과변인(수행력, 만족감) 스포츠상황을 대상으로 한 모형
- 1) 선행요건 - 2) 지도자행동	상황 특성 - 지도자의 규정된 행동, 선호된 행동 지도자 특성 - 지도자의 실제 행동 구성원 특성 - 구성원들이 선호하는 행동
- 3) 결과변인	🎧 수만 이자리수만(리더행동 모두 일치하면 수행력, 선수만족 증가) 이상적(+++), 자유방임(---), 리더해임(+-+), 수행(++-), 만족감(-++)
• 첼라두라이 & 살레, 지도자행동 유형	🎧 훈권민사긍 훈련과 지도 유형 : 목표달성 권위적 행동 유형 : 교사중심 민주적 행동 유형 : 학생참여 사회적 지지 행동 : 분위기, 관계 긍정적 피드백 행동 : 칭찬

Theme 080 | 사회적 촉진

Zajonc 타인의 존재가 수행에 미치는 영향	관중효과 : 관람만 하는 관중에 의해 운동수행 향상 공행효과 : 같은 과제, 상호작용 없는 독립적 수행, 운동수행 향상
Zajonc, 단순존재가설 (사회적 촉진이론)	추동이론과 일치, 관중, 공행자 존재는 수행자의 각성, 욕구 수준 자극, 숙련자 - 단순과제 - 학습된 과제 수행 향상
Cottrell 평가우려가설	전문가, 주의 깊은 관찰에 대해 불안 증가

Chapter 14
운동 학습의 이론적 기반

Theme 081 | 운동기술

운동기술의 개념	🎧 목수신 목적지향적, 수의적, 신체 혹은 사지에 의한 움직임
Johnson 운동기술 차원	🎧 속정품적 속도, 정확성, 폼, 적응성
운동기술의 일차원적 분류	🎧 근움환 요구되는 근육의 크기 : 대근 / 소근, 복합적으로 쓰인다. 움직임의 연속성 : 불(단기)계(단기)연(장기) / 환경의 안정성(해석)
- 움직임의 연속성	🎧 불계연 불연속적 운동기술 : 시작과 끝 명확, 단기, 장기기억× 계열적 운동기술 : 불연속적 운동기술 연속적 연결, 하나의 전체 운동기술 구성 연속적 운동기술 : 시작과 끝 인지×, 특정 움직임 반복, 장기기억 ○
- 환경의 안정성	🎧 폐개 폐쇄운동기술 : 변화 없는 환경, 정확성, 일관성, 운동기술 고정화단계(G) 개방운동기술 : 변화하는 환경, 적응력, 운동기술 다양화단계(Ge)
운동기술의 Gentile 이차원적 분류	환경적 맥락 : 조절조건, 동작간가변성 동작기능 : 신체이동, 물체조작 예 제자리에서 균형잡기(1.1), 수비자에게 드리블해가기(4.4)

Theme 082 | 운동행동 연구의 이론적 기반

1. 반사이론	🎧 자극 → 행동 외부 자극에 의해 행동 생성된다. 결과에 관심을 두는 행동주의 접근
2. 정보처리이론	🎧 폐개일(도) 폐쇄회로 이론, 개방회로 이론, 일반화된 운동프로그램 이론, 도식 이론
1) Adams 폐쇄회로 이론	기억에 저장된 동작에 대한 정확한 <u>참조준거</u>로부터 내재적 감각 피드백을 통해 실제동작 간 오류에 대해 운동행동 조절 빠른 움직임 ×
2) Schmidt 개방회로 이론	피드백 없이 빠른 운동 처리, 대뇌피질에 저장된 운동프로그램을 작동, 수행 중 오류 발생해도 수정되지 않고 계획대로 수행(불변, 가변매개변수) 저장문제 : 용량의 제한 신형문제 : 새로운 운동 동작 설명 못함
3) Schmidt 도식이론, 운동생성과 도식유형 (일반화된 운동 프로그램)	🎧 재(폐느기)회(개빠소) / 초반감실 재인도식 : 느린 움직임 조절, 폐쇄회로, 기저핵 예 정확성 참조 회상도식 : 빠른 움직임, 개방회로, 소뇌 예 반응시작 초기조건, 반응명세(동작설정, 회상), 감각결과(감각 피드백, 재인), 실제결과 / 맥락, 환경, 동작 변화요소 고려한 복잡한 운동행동 설명 ×
3. 다이나믹시스템 이론	🎧 운맥, 자비, 환유과 / 물리적 환경, 신경계 × Bernstein 운동등가, 맥락조건 가변성 Newell 운동원리(자비-안정성, 상변이), 제한요소(환유과) / 신경계의 조절을 고려하지 않고 유기체와 환경의 물리적 상호관계만을 강조하는 단점
4. 생태학적 이론	Gibson 시각정보 자체가 적절한 운동 유발한다. + 지각 자세유지, 이동운동, 캐칭배팅 시각기능 중요한 운동수행원리 설명
이론들의 한계	폐쇄회로 이론 : 빠른 움직임 ×, - 개방회로 이론 : 저장문제, 신형문제 도식 이론 : 맥락, 환경 고려한 복잡한 운동수행 설명 × 다이나믹시스템 이론 : 환경과 유기체 물리적 신경계의 조절 간과

Chapter 15
운동 제어

Theme 083 | 정보처리와 운동 수행

정보처리과정	사전기간(준비) → 근반응시간(단선변, 감선실) → 근운동시간(속정)
0) 사전기간	자극 없는 시간, 준비에서 자극시작까지의 시간
반응시간 3단계	🎧 반응시간(단선변, 감선실) 단순, 선택, 변별 반응시간 / 감각지각, 반응선택, 반응실행
- 반응시간의 종류	🎧 단선변 단순 반응시간 - 1:1 100m 달리기 출발신호 선택 반응시간 - n:n 축구 공격수에게 상황 따라 패스, 테니스 변별 반응시간 - n:1 야구 타자 다양한 구질 중 직구에만 타격
1) 감각지각	🎧 자극인식, 병(스카) 환경정보탐지, 자극 유형 인식, 시각·청각·촉각 감각지각능력 병렬적 과정 - 스트룹효과, 카테일파티현상(선택적 주의)
2) 반응선택	🎧 반응유형결정, 초계통, 숙병자 / 대복정↓적연↑ 초보자 : 계열적 과정, 통제적 처리, 지각협소화, 속도 느림 숙련자 : 병렬적 과정, 자동적 처리, 연습하면 정보처리속도 증가
- 반응시간 영향요인 : 선택 반응시간 감소	🎧 대복정적연 ① Hick의 법칙 : 대안수↓, 시간↓ ② Henry & Rogers의 연구 : 복잡성↓, 시간↓ ③ 움직임에 요구되는 정확성↓, 시간↓ ④ 자극반응의 적합성↑, 시간↓ ⑤ 연습의 양↑, 시간↓
3) 반응실행	🎧 운동체계 조직, 계(병심페) 실제 움직임 생성 위한 운동체계 조직, 자극 간 시간차 필요 반응실행은 계열적 과정 - 병목현상, 심리적 불응기(60~100ms, 페인팅원리), 너무 빠른 두 번째 자극(집단화)
- 단일통로이론	정보처리체계 단일통로로 구성, 심리적 불응기의 배경
심리적 불응기의 적용 - 효과 높이는 3가지	🎧 실적사[페인팅의 원리(이중 자극-심리적 불응기)] 실제 슛 동작과 유사 적절한 시간차 : 60~100ms, 60ms 미만은 집단화로 처리 사용 빈도 랜덤 : 매번 사용×
4) 운동시간	반응시간 뒤 실제움직임 시작하고 종료될 때까지의 시간
- 반응시간과 운동시간의 관계	서로에게 영향 미치지 않고 독립적으로 존재한다.

Theme 084 운동의 정확성과 타이밍

1) 정보처리용량의 한계 (Woodworth)	인간의 조준 움직임 = 움직임 + 동작조절
- Fitts의 난이도 지수	난이도, 운동시간 = 2D / W. 거리 멀수록, 표적면적 작을수록, 난이도지수 증가, 운동시간 증가(속도 - 정확성 상쇄 원리의 이론적 근거)
- 속도 정확성 상쇄원리	정확성 요구할수록 운동시간 증가
- 정확성의 개념	과제의 특성과 환경의 요구에 적합한 신체의 일관성 있는 움직임 목표와 수행 간의 오차
- 운동정확성 결정요인	🎧 신인속 신체요소의 참여수준, 인지적 요구수준, 운동속도
- 운동시간 증가요인으로 정확성	속도와 정확성 상쇄의 원리 - 정확성 요구될수록 운동시간 증가
2) 반복수정모델(Crossman)	피드백 체계에 의한 오류수정 과정, 정확성 파악, 수정 전체움직임 + 하위움직임(불연속적 하위움직임) 하위움직임 소요시간 동일, Fitts 난이도 지수(2D / W)따라 결정
- Khan, Elliot 시각피드백	빠른 움직임 : 시각피드백 빠름, 적은 의식적 노력 느린 움직임 : 시각피드백 느림, 큰 의식적 노력, 긴시간
3) Schmidt 임펄스 가변성 이론	시각정보 사용하지 않는 빠른 움직임 정확성에 대한 이론적 근거 속도(힘) 증가하면 동작 가변성 증가, 운동정확성 감소
* - Newell 속도 정확성 상쇄원리 예외	타이밍 반응에서 ×, 공간 정확성 감소, 타이밍 정확성 증가 움직임 속도 증가 = 공간 오차 증가 + 타이밍 오차 감소 타이밍 오차는 속도 증가함에 따라 감소
- 타이밍 전략	<u>타자 스윙(운동시간) 빠를수록 스윙 이전 부가적 탐색시간 확보</u> <u>단축된 스윙(운동)시간 타격의 타이밍 정확성 향상</u>
4) 최적 하위분절 운동모델 (Meyer, Smith)	임펄스 가변성 + 피드백 체계 오류수정과정(D / W) 하위 움직임 수(+ D / W) 증가할수록 전체 운동시간 증가 운동속도와 정확성 관계

085 | 기억

Atkinson & Shrffrin의 기억형태, 정보저장고	🎧 **감단장** 감각기억 : 1~4초, 단기기억으로 전달 단기기억 : 10~20초, 5±2개, 감각기억 정보처리 동안, 작업기억 장기기억 : 단기기억 다양한 인지처리 과정으로 장기기억에 저장, 용량제한×, 　　　　　필요할 때 단기기억으로 인출하여 사용
Tulving의 기억형태	🎧 **일어절** 일화적 기억, 어의적 기억, 절차적 기억
운동과 기억	🎧 **명암** 명시적 기억 : 성찰, 자각, 주의 암묵적 기억 : 운동감각
기억의 과정 (단기기억↔장기기억)	🎧 **부응인** 부호화, 응고화, 인출
라일의 지식	🎧 **명방** 명제적 지식, 방법적 지식
메타인지의 정의	🎧 **인지조** 개인의 인지과정 지각하고 조절하는 능력

Theme 086 | 주의와 운동 수행

주의의 개념(James)	의식의 집중 또는 초점 제한적(한번에 하나), 선택적(계열적, 의도적), 각성
니뎁퍼 주의의 차원	🎧 폭방 폭 : 넓은, 좁은 방향 : 내적, 외적
니뎁퍼 주의의 유형	넓은 외적(위치 파악) - 넓은 내적(구상, 작전계획) 좁은 내적(시연, 상그리기) - 좁은 외적(시선집중)
니뎁퍼 주의의 시사점	경기상황에 따라 적합한 주의력 전환, 수행력 향상시키기
주의의 특징(Vealey)	🎧 용준선 주의 용량 : 7±2 주의 준비 : 적정 각성수준 유지, 단서유용가설 역U자 주의 선택 : 필요한 정보 선택, 불필요 정보 제거
- 주의 향상 비법	니뎁퍼, 주의 초점 전환훈련 와이너, 통제가능한 것에 집중 주의산만 요인에 노출, 극복
단일통로이론	정보처리체계 단일통로로 구성, 병목현상, 심리적 불응기의 배경
단서유용가설 - 적정 각성수준과 주의	적정 각성수준에서 적절 단서 활용, 부적절 단서 배제
지각의 협소화 - 높은 각성수준과 주의	높은 각성수준에서 지각협소화, 적절 단서 유입 안 됨

Theme 087 | 운동의 협응(다이나믹시스템 이론)

협응의 개념	수행목표 성취 위해 다양한 신체부분이 효과적, 공동적 작용하는 것, 효율성 추구, 환경영향 많이 받는다. 운동에 필요한 자유도의 수 줄이기
협응의 제한요소	🎧 환유과 환경, 유기체, 과제(자유도의 수를 줄여줌)
*다이나믹 관점에서의 운동 협응	협응 원리 협응 구조의 형성과 변화 다양한 과제에서의 협응
1. 협응 원리	🎧 자비 자기조직의 원리, 비선형성의 원리
1) 자기조직의 원리 (협응구조 형성)	운동 제한 요소의 상호작용 결과가 특정 조건에 부합하면 특정 움직임 저절로 발생
2) 비선형성의 원리 (협응구조변화, 상변이) (제어변수)	🎧 제질 시간에 따른 협응 변화 비선형적으로 변화, 상변이 무게 무거워질 경우 다른 폼으로 급격하게 바뀜 제어변수(속도, 무게) → 질서변수(폼, 상대적 위상)
2. 협응구조의 형성과 변화	형성(자기조직) → 변화(상변이, 비선형성) → 안정(어트랙터, 효율)
- 협응구조 형성	자기조직의 원리로 새로운 협응구조 형성
- 협응구조 변화(상변이)	비선형성의 원리로 안정성 변화, 협응구조 변화, 상변이 안정성 손실에 의해 불안정된 신체 안정 위해 협응 형성 예 보행 : 보행속도에 따른 보행형태의 변화(제어 → 질서)
- 어트랙터 상태	에너지 가장 효율적 사용, 매우 안정, 폼변화
자유도 활용 능력의 차이 = 폼의 차이	폼의 변화, 폼의 차이, 협응에서 가장 큰 특징, 자유도의 수를 점진적으로 정복해가는 과정, 질적 향상, 안정성 획득
3. Bernstein 협응의 주요 문제	🎧 운맥 운동등가(자유도 문제) : 다른 근육 수축 동일한 움직임 생성 맥락조건 가변성 문제 : 같은 근육 수축 다른 움직임 생성
Bernstein 운동기술 학습에서 여분의 자유도 활용	🎧 초(고)후(풀활) 학습 초기 : 자유도 고정 학습 후기 : 자유도 풀림, 반작용의 활용

088 시지각과 운동 수행

생태학적 관점의 운동학습	시각정보 자체가 적절한 운동행동 유발한다. 표면지각, 피드포워드 지각과 동작 간 협응 향상시키는 과정
타우	접촉시간 정보 획득 = 망막에 맺힌 상의 크기 / 상 크기 변화율
시각시스템	중추시(초점시) - 시야중심 물체 확인, 의식적 물체 감지 말초시(환경시) - 공간탐지, 반의식적 물체 감지
지각의 종류	간접지각(정보처리 관점) - 환경정보 부호화, 규칙, 예측 단서 인식 직접지각(생태학적 관점) - 중추표상 없는 움직임 제어, 불변특성과 어포던스 감지

Chapter 16
운동학습

Theme 089 | 운동학습의 개념과 이론

운동학습의 정의	🎧 연개내 연습과 경험으로(숙련된 운동수행 위해 효율적 협응구조 형성) 개인능력의 영구적 변화 유도 내적 과정으로 관찰 불가능
이론별 운동학습의 정의	① 정보처리 이론 : 효율적인 도식으로 재구성하는 관점
	② 다이나믹시스템 이론 : 가장 효율적인 협응구조 구성, 적응성
	③ 생태학적 관점 : 지각-운동 활동영역 내에서 지각과 동작 간 협응 향상시키는 과정
- 중추적 표상	- 정보처리 이론 피드백정보 : 감각피드백, 보강피드백 운동프로그램 : 초반감실(회상 + 재인도식), 저장문제, 신형문제
- 탐색전략(Newell)	- 다이나믹시스템, 생태학적 이론 환경정보와 과제특성 정보 지각하여 지각-운동 활동영역 내 최적의 협응 형태 구성하기
운동수행과 운동학습 비교	운동수행 : 관찰 가능하며 특정 목적 위해 일시적으로 수행 운동학습 : 관찰 불가하며 연습과 경험으로 능력 영구적 변화
[운동수행] 운동수행 과정의 측정	운동학적, 운동역학적, 뇌활동(EGG), 근육활동(EMG), 운동협응
[운동수행] 운동수행 결과의 측정	반응시간 : 단순, 선택, 변별 반응시간 운동시간 : 속도와 정확성 상쇄의 원리
[운동학습] 운동학습 측정	수행곡선, 파지검사, 전이검사
- 수행곡선	🎧 부(파)정선S 부적가속곡선(파워법칙), 정적가속곡선, 선형곡선, S자형
- 파지검사	절대파지점수 : 파지기간 후 파지검사에서 얻은 점수↑ 상대파지점수 : 차이점수, 백분율점수, 저장점수↓
- 전이검사	전이 : 과제 내, 간 / 양 : 정적, 영, 부적 / 방향 : 순행, 역행
고원(슬럼프)현상의 정의	① 운동기술 학습할 때 일시적으로 수행력이 정체되는 현상 고원기간에 수행은 정체되지만, 학습은 진행된다. ② 다이나믹시스템 이론의 관점 : 고원현상은 새로운 협응구조, 폼이 형성되는 과정, 양적 변화의 정체 속에서 질적 변화의 발생
고원현상의 원인	🎧 피잘동폼 피로, 잘못된 단서의 이용, 동기 저하, 폼의 변화 및 동작 유형의 전환

Theme 090 | 운동학습의 단계

Fitts & Posner(Adams)	🎧 인연자(언운자 : 언어–운동단계, 운동단계, 자동화단계) 인지단계 : 초보자, 과제수행전략 개발, 일관성 부족, 언어설명 ○ 연합단계 : 수행전략선택, 수행오류확인, 해결책모색, 일관성 향상 자동화(자율화)단계 : 요구되는 주의 감소, 일관된동작, 상대움직임이나 환경으로 주의전환 가능, 오류탐지&수정, 질적 정보 주기
Bernstein(Vereijken)	🎧 고풀활(초향숙) 자유도 고정(초보) : 자유도 수 줄이기 자유도 풀림(향상) : 자유도 늘리고 기능적 단위 결합, 협응구조 형성 반작용의 활용(숙련) : 다양한 환경에서 적합한 동작 숙련, 관성, 마찰력 등 더 많은 여분의 자유도 활용
Gentile	🎧 움고다 움직임 개념습득 단계 : 움직임 형태, 환경특징 구분(조절 조건,비조절 조건) 운동기술 고정화 및 다양화 단계 : 폐쇄–일관성, 정확성, 개방–적응력
Newell	🎧 협제 협응단계 : 기본 협응동작 형성(자유도 고정 + 풀림 단계) 제어단계 : 매개변수화, 환경따라 협응형태에 변화주기(신장단축)
Schmidt & Wrisberg	🎧 언운자 언어인지단계, 운동단계, 자동화단계(고정화, 다양화)

Theme 091 | 연습계획 준비

연습계획을 위한 준비	🎧 자과(초숙동)동(수결)보(감비) 학습자의 특성 : 개인차 고려 학습과제의 제시 : 초숙동 동기유발 – 목표설정 방법 : 수결목 보강정보 : 감보
– 학습과제의 제시	🎧 초숙동 초보자의 시범 : 오류탐지 숙련자의 시범 : 질적변화 단서 비슷한 동료의 시범 : 자신감 향상, 대리경험
– 동기유발, 목표설정 방법	🎧 (과)수결 목 과정목표 : 질적인 면에 초점을 둔 목표설정 수행목표 : 자신의 과거 수행과 비교하여 목표설정, 비율, 통제가능 결과목표 : 수행의 결과에 초점을 둔 목표설정, 외적 통제 요인

Theme 092 | 운동기술 연습

운동기술의 연습	1. 전습법 vs 분습법 2. 구획연습 vs 무선연습(맥락간섭효과) 3. 집중법 vs 분산법 4. 가변연습 vs 불변연습(연습의 가변성)
1. 운동기술의 특성 분류 기준	조직성과 복잡성 – 전습법 / 분습법
– 조직성의 정의	운동기술을 구성하고 있는 요소간의 관련성, 상호의존성
– 복잡성의 정의	해당 기술이 필요한 하위요소의 수(양)와 과제의 정보처리 요구의 정도(질)
1-1. 전습법	높은 조직성, 낮은 복잡성 : 숙련자, 학습후기 예) 농구 드리블 과제 한꺼번에 전체적으로 학습
1-2. 분습법	높은 복잡성, 낮은 조직성 : 초보자, 학습초기 예) 마루 운동 운동기술 하위단위로 나누어 학습
1) 분습법의 유형 (Wightman, Lintern)	🎧 분단부 : 학습초기 새로운 운동기술 기본적 기능 학습 때 분절화 : 순점반 단순화 : 기술수행의 복잡성 낮추기, 과제요소 줄임 예) 티배팅, 피칭머신 부분화 : 하위요소를 둘 이상으로 분리하여 각각 연습 예) 포핸드, 백핸드 연습, 기술 분화
2) 분습법의 형태, (분절화의 형태)	🎧 순점반 순수 분습법 : 1→2→3→1＋2＋3, 마지막에 복습 점진적 분습법 : 1→2→1＋2→3→1＋2＋3 중간에 한 번 묶어서, 순행연쇄법 / 역행역쇄법 (리드업 과제 구조) 반복적 분습법 : 1→1＋2→1＋2＋3, 처음을 계속 복습
2. 바티그(Battig) 맥락간섭효과	운동기술 연습할 때 다양한 요소들 간 간섭이 일어나는 것, 학습이나 기억에 방해받는 것, 운동수행 감소, 파지, 전이 증가
2-1. 구획연습 (구드 & 매길)	운동기술 하위요소 나누어 시간 할당 연습, 연습 수행효과↑, 맥락간섭 효과, 파지, 학습↓ 예) 테니스 동일 방향 장소 반복 치기, 운동기술 고정화 Gentile
2-2. 무선연습 (구드 & 매길)	운동기술 하위 요소 무작위 연습, 맥락간섭효과↑, 파지와 전이, 학습↑, 운동수행↓ 예) 테니스 방향 구질 다양하게 받기, 운동기술 다양화 Gentile
3. 연습시간과 휴식시간의 상대적 비율	집중법 : 연습 시간↑ ＞ 쉬는 시간↓, 초보자, 복잡성↑, 동작 생소 분산법 : 연습 시간↓ ＜ 쉬는 시간↑, 숙련자, 동작 익숙, 피로유발, 습관재구성, 재활
4. 연습의 가변성	– 운동수행의 일반성 강화 가변연습 : 운동기술 다양화 불변연습 : 운동기술 고정화

효과적인 연습을 위한 기법	🎧 가정과 가이던스 기법 : 신언시 오두부 정신연습 : 운동학습의 초기(인지)와 숙련(자동화)단계 과학습 : 수행목표에 도달 위해 필요 이상의 연습지속, 파지효과 높인다.
- 가이던스 기법	🎧 신언시 오두부 신체적·언어적·시각적 방법을 사용, 학습자 운동수행에 직접적으로 도움을 주는 과정 / 수행오류 줄이고, 두려움 없애주고, 부상을 예방 * 적절한 시기에 가이던스 제거하여 학습자의 가이던스 의존 방지, 내적인 감각 피드백 활용능력 중요하다.

Theme 093 | 피드백

피드백의 개념	내재적(감각) 피드백 외재적(보강) 피드백 – 수행지식, 결과지식
피드백의 기능	🎧 정강동 정보, 강화, 동기유발
1) 감각 피드백(내재적)	🎧 시청촉자 시각, 청각, 촉각, 자기수용감각 통해 스스로 정보 감지
2) 보강 피드백(외재적)	🎧 수결 식 교사나 동료들로부터 제공되는 정보, 운동학습 초기에 효과적
① 수행지식(KP)	동작 그자체, 폼에 대한 질적, 운동학적 정보, 운동학적 피드백 언어적 설명, 영상자료의 활용, 바이오피드백 예) 킥 속도가 느리다, 백스윙이 길다, 동작패턴이나 속도
② 결과지식(KR)	목표와 결과에 대한 수행 차이 정보 제공 예) 10번 눌렀다. 기록 제공
- 결과지식의 빈도	🎧 절상 절대빈도 : 횟수 상대빈도 : 결과지식 / 전체×100
- 결과지식의 유형	🎧 점평요 점감 결과지식 : 결과지식 상대빈도 후기단계 줄여가기, 의존방지 평균 결과지식 : 수행의 평균 점수 정보 제공, 효율적 정보 제공 요약 결과지식 : 일정 시행 후 요약 제공, 주의깊게 관찰
- 결과지식의 정밀성	수준 높아지면 학습자가 처리해야 할 정보량 증가, 학습자 수준 고려하여 제공
- (역)수용범위 결과지식	- 수용범위 결과지식 : 수용범위 밖 수행오류 있을 때 결과지식 제공 - 역수용범위 결과지식 : 수용범위 내 수행오류 정보 제공

- 결과지식의 제시시기	결과지식 지연간격 : 학습자 내적 정보 탐색할 시간 주기 결과지식 제시 후 지연간격 : 이전 수행에 대한 결과지식 토대로 다음 수행 계획하는 정보처리 과정 시간 확보
- 결과지식(피드백) 제공 원칙	빈도 : 변동비율계획, 1 / (변동)번 정밀성 : 학습자 수준에 맞추어
뉴피드백 1) 자기통제(자기조절) 피드백	학생이 희망할 때 교사가 피드백 주기, 상호작용 증가 〈학습자의 능동적 인지처리과정, 학생의 자기조절 능력 신장〉, 상호작용의 강화, 피드백 의존 감소
뉴피드백 2) 뉴로피드백	뇌의 활동 학습자가 컴퓨터 화면을 통해 직접 관찰(EEG)
Newell의 보강피드백 범주화	🎧 처정전 처방정보 : 언어적 설명, 시범 정보피드백 : 현재 상태에 대한 정보 제공 전환정보 : 협응변화, 제어변수에 대한 정보 　　　　예 트랙과 모래사장 달리기에 대한 정보 제공

Theme 094 | 운동학습과 파지

파지의 개념	정보처리관점 : 부호화된 표상 기억의 인출과정 다이나믹관점 : 환유과 제한요소에 대한 적응과정
파지 영향요인	🎧 환학과양 환경특성 : 맥락간섭효과, 무선연습 파지 증가 학습자특성 : 개인차, 수준에 맞는 학습 제공 학습과제특성 : 파지○(연속, 복잡), 파지×(불연속, 단순, 불안정 협응) 연습의 양 : 기능 과잉학습 파지 증가
파지점수	🎧 절상 절대파지점수 : 수행 후 파지기간 후 파지검사에서 얻은 점수↑ 상대파지점수 : 🎧 차백저↓
- 상대파지점수의 유형	🎧 차백저(수행검사, 파지검사) 차이점수 = 수마(수행 마지막 점수) - 파처(파지 후 처음 점수) 백분율점수 = 차이점수 / 수행 마지막 점수 - 수행 처음 점수×100 저장(절약)점수 = 파지검사, 연마도달까지 시행횟수

Theme 095 | 운동학습과 전이

전이의 유형 - 1) 방향	순행적 전이 : 과거 운동기술 → 새 운동기술 역행적 전이 : 새 운동기술 → 과거 운동기술
전이의 유형 - 2) 양	정적 전이(+) : 요상인 중립적(0) 전이 부적 전이(-) : <u>움직임 특성 다름.</u> 새로운 동작 구성에 어려움
전이의 유형 3) 측정, 전이 검사	과제 내 전이 : 다른 연습환경, 같은 기술, 체조 도움○ - 도움 없이 과제 간 전이 : 다른 기술, 같은 수행환경, 야구 스윙 - 골프 스윙
4) 정적전이 영향요인	🎧 요상인 운동기술 요소의 유사성 : 동일요소설 운동기술 수행상황의 유사성 연습조건과 전이조건 간 인지처리과정의 유사성
5) 부적전이 영향요인	🎧 움새지 움직임 특성이 다름, 새로운 형태의 움직임 학습, 지각과 동작의 연합 새로 구성하는 상황

Theme 096 | 초보자 숙련자 비교

숙련자-초보자 비교연구	시각차단기법 - 공간차단기법, 시간차단기법 : 수행 예측하기 안구 움직임 기록 기억회상검사 : 숙련자 초보자보다 많은 양의 정보 획득
운동능력과 운동기술의 비교	일반 운동능력 가설 Henry의 특수성 가설

실전 전공체육

PART 4
스포츠 사회학

CHAPTER 17 스포츠 사회학의 이해

Chapter 17
스포츠 사회학의 이해

Theme 097 | 스포츠의 개념

스포츠의 개념	참가동기 유발된 개인이 복합적인 신체기능 구사하는 제도화된 경쟁적 활동
까이오와, 놀이의 유형	🎧 아알미이 아곤, 알레아, 미미크리, 이링크스
Santomeijer, 스포츠의 특성	🎧 허비 불규경 신제 허구성, 비생산성, 불확실성, 규칙성, 경쟁성, 신체움직임 및 탁월성, 제도화 (코클리)
- 놀이, 게임, 스포츠의 특징	놀이 : 허비자쾌(호이징와, 자유로운 활동, 쾌락추구) 게임 : 허비분불규경(신체기능, 전술, 확률) 스포츠 : 허비분불규경신제(산토메이어)
놀이 게임 스포츠의 규칙 비교	임의화, 관료화, 제도화
메킨토시 스포츠의 분류	🎧 기투극율 기술스포츠, 투기스포츠, 극복스포츠, 율동적 무용체조
구트만, 스포츠의 발전단계	놀이 - 자발적 놀이 - 조직화된 놀이(게임) - 비경쟁적 게임 - 경쟁적 게임 (탁월성) - 지적 - 신체적 경기(스포츠)
스포츠 규범의 역사적 발달과 경기화	통일된 규칙사용 = 평등한 경쟁조건 = 공정성 확립 → 경기화, 제도화
코클리, 스포츠의 특징 제도화의 요소	🎧 규공행경 규칙의 표준화, 공식규정위원회의 규칙집행, 행동의 조직적·합리적 측면 강조, 경기기술의 정형화
구트만, 근대 스포츠의 특징	🎧 세평전합관수기 세속화, 평등화, 전문화(임무분담, 특수역할수행), 합리화(규칙제정, 명시), 관료화(협회, 운영관리, 규칙강요) / 수량화(표준화된 도구로 측정하여 경기력 나타내기 위한 지표(수)로 나타내기 : 방어율, 홀드, 세이브, 타율 기록화 전제조건), 기록화(추구) - 시공간 초월 경쟁 가능
아델만, 근대 이전 스포츠와 근대 스포츠의 차이	🎧 조규경역공기 조직화(제도화), 규칙성(성문화), 경쟁성(전국 차원), 역할차이(선수 관중 구분), 공공정보(전국 차원), 기록과 통계(보존)

스포츠의 사회적 순기능	🎧 정화통 사회 정서적 기능, 사회화, 사회통합
스포츠의 사회적 역기능	🎧 소통상성 신체소외, 사회통제, 과도한 상업주의, 성차별
기능론(구조기능주의)의 주장과 한계	스포츠는 제도유지에 기여 / 구조 지나치게 강조
갈등론의 주장과 한계	차별과 불평등 재생산, 지배집단 이데올로기 전파 / 지나치게 경제적 관점만 강조
상징적 상호작용론의 주장과 한계	능동적 개인, 각기 의미를 부여하고 사회를 구성 변화, 질적연구 / 거시적 구조 파악×, 스포츠 내 차별과 불평등 인식×
비판이론	스포츠 통한 기존의 이데올로기 전복
스포츠와 종교	🎧 금상제 / 의금주마 금욕주의, 상징물, 제도화 / 의식, 금기, 주물, 마법

Theme 098 | 스포츠와 정치

스포츠의 정치적 속성 (Eitzen & Sage)	🎧 충조정상제 충성심 상징적 재확인, 조직 과정에서 자원 분배 행위, 정부기관 개입, 정치적 상황과 상호작용 효과, 제도적 특성(보수적 질서 유지 경향)
정치와 스포츠의 결합방법	🎧 상동조 상징 : 태극마크, 태극기, 애국가, 의식요소와 총체적 우열과시 동일화 : 월드컵 4강 감격의 눈물, 일체감, 제2의 상징 조작 : 정부지지나 부정부패의 은폐 수단으로 스포츠 이용, 상징조정, 효율성, 단시간>합리성, 윤리성
스포츠의 정치적 순기능	🎧 통외화운 사회통합, 외교적 소통창구, 사회화, 사회운동의 수단
스포츠의 정치적 역기능	🎧 이지국 국가 간 이데올로기의 충돌, 지배권력의 형성 및 유지를 위한 정당성 부여, 국수주의적 배타성 조장
국내정치 / 국제정치	국내(코클리, 메킨토시 & 레오날드), 국제(P & W, 국제정치 올림픽) 국제정치기구는 스포츠에 강력한 영향을 미친다(스포츠는 정치에×).

1) 코클리, 스포츠에 대한 정치의 개입 원인	🎧 국사위통 경정지 국민건강증진과 여가기회 제공, 사회질서의 유지보호, 국위선양, 사회통합, 국가와 지역사회의 경제발전 촉진, 정부나 정치가에 대한 지지 확보, 지배이데올로기 부합 가치 강조
2) 메킨토시 & 레오날드 국가수준 스포츠 정치적 역할	🎧 통통공 사회통합, 사회통제, 공식 외교 관계 수립 및 국가적 위광 획득
3) Pooley & Webster 정치현상으로서의 국제스포츠	🎧 정선반경침민 정치도구로서의 기능, 국가선전의 장, 국내문제 반영의 사회정치적 반사경(68 멕시코), 국가경제력 공개의 터전, 국가의 침략적 공격성의 배출구, 민족주의의 진원
4) 국제정치에서 스포츠의 역할(이용)	🎧 외항위 평갈이 외교적 승인(및 친선), 외교적 항의(모스크바), 국위선양(아베베, 황영조), 국제 이해 및 평화 증진(1896 아테네, 88 서울, 시드니), 갈등 및 전쟁의 촉매(뮌헨, 축구전쟁), 이데올로기 선전수단(뮌헨, 의례)
올림픽 경기의 정치화 원인	🎧 민정상 민족주의의 심화, 정치권력의 강화, 상업주의의 팽창
올림픽에서의 정치적 행위	멕시코, 남아공 아파르트헤이드(인종차별), 뮌헨, 바르셀로나, 모스크바, LA, 서울, 시드니
스포츠와 남북관계	🎧 남지시 1929년(일제강점기) - 경평축구대회 1990년 남북통일축구 평양대회 개최 1990년 남북통일축구 서울대회 개최 1991년 불가침 협력 합의서 1991년 지바 세계 탁구선수권대회 최초 단일팀 구성 참가 국가명 KOREA, 한반도기, 국가 아리랑 2000년 시드니 올림픽 개·폐막식 공동입장, 태권도 정식종목

Theme 099 | 스포츠와 경제

현대스포츠 발전에 영향을 준 사회적 요소	🎧 산도교 산업화, 도시화, 교통과 통신의 발달
코클리, 상업주의 스포츠 발전 위한 사회-경제적 환경	🎧 자인거소여 자본주의적 시장경제체제, 인구밀집된 도시, 상업 스포츠 기반시설 구축 위한 거대 자본, 소비 강조 문화, 경제적 여유 계층
상업주의에 따른 스포츠의 변화	🎧 본목 / 구내조 본질, 목적 / 구조내용조직
- 상업화에 따른 스포츠 본질의 변화	🎧 아직 아마추어리즘의 퇴조, 스포츠의 직업화
- 상업화에 따른 스포츠의 목적변화, 관중 흥미촉발 요인(한태룡)	🎧 불재기 경기결과의 불확실성 : 드래프트제도 참가자 재정적 보상 : 시합의 중요성 스타선수의 탁월한 기량 발휘
- 상업화에 따른 스포츠의 구조, 내용, 조직 변화 (임번장, 코클리)	규칙변화(구조) : 득점 체계 다양화, 휴식시간, 빠른 속도 진행 경기성향 변화(내용, 심미적 지향성 → 영웅적, 지향성) 구단이익 증대방향 흥미 극대화 위한 쇼(조직) : 심미적 가치(재능, 노력, 탁월성)에서 영웅적 가치(위험, 과감성, 스타일, 승리추구로 변화), 경기기획 및 조직방식, 치어리딩
야구	드래프트제도(신인선수 지명제도), 트레이드제도, 최저연봉제 보류조항(전속계약) : 독점협상권리, 계약이적 막기, 구단운영비 줄이기
농구, 배구	샐러리캡 제도, 드래프트, 트레이드, 선택조항
프로스포츠의 사회적 순기능	🎧 스아대통경 스트레스 해소, 아마추어스포츠 활성화, <u>스포츠대중화(직접참여 유도)</u>, 사회적 통합기여, 경제발전 및 고용증대
프로스포츠의 사회적 역기능	🎧 인아도 인기 종목에 편중, 아마추어리즘 퇴조, <u>프로스포츠 도박행위</u>

Theme 100 | 스포츠와 교육

스포츠의 교육적 순기능	🎧 전통선 / 학사정, 내와, 여장평 전인교육(학사정) : 학업활동의 격려, 사회화 촉진, 정서순화 사회통합(내와) : 학교 내 통합, 학교와 지역사회 통합 사회선도(여장평) : 여권신장, 장애인의 삶의 질 향상, 평생 체육과의 연계
스포츠의 교육적 역기능	🎧 교부편 / 승참성, 상위일, 독비 교육 목표의 결핍(승참성) – 승리 제일주의, 참여 기회의 제한, 성차별 내재화 부정적 사회화(상위일) – 스포츠 상업화, 위선과 착취, 일탈조장 편협한 인간 육성(독비) – 독재적 코칭, 비인간적 훈련
일반학생 지원 주요사업	학교 스포츠클럽 육성 학생 건강체력 평가제(PAPS) 여학생 체육활동 활성화
학생선수 지원 주요사업	학생선수의 학습권 보장(최저학력제)

Theme 101 | 스포츠와 미디어

대중매체 이론	🎧 개범관규 개인차이론 : 관람자 욕구 만족 위해 메시지를 제공 <u>사회범주 : 미디어 영향력, 스포츠 소비형태 사회적 · 문화적 · 경제적 계층 따라 다를 수 있다.</u> 사회관계 : 중요타자의 가치와 행동에 의해 영향 문화규범 : 대중매체 가치 선택적 제시, 강조
- 대중전달이론 개인차이론 스포츠 매체의 기능, 결과	🎧 인정도통 욕구 & 기능 인지적 욕구 : 지식, 이해, 경기 규칙, 결과 정의적 욕구 : 심미적, 감정적 경험, 흥미, 즐거움 도피적 욕구 : 대리만족으로 부정적 감정 해소 통합적 욕구 : 공유경험 제공, 사회통합
맥루한의 스포츠 매체	핫 : 정의성↑, 감각참여성 몰입성↓, 신문 쿨 : 정의성↓, 감각참여성 몰입성↑, TV

맥루한의 매체 스포츠	핫 : 정의성↑, 감각참여성 몰입성↓, 경기자 행동반경, 경기장 확산↓
	    정적, 개인, 공수 구분○ : 승마, 야구, 배드민턴, 테니스
	    심리적 부담 없이 쉽게 수용
	쿨 : 정의성↓, 감각참여성 몰입성↑, 경기자 행동반경, 경기장 확산↑
	    동적, 팀, 공수 구분× : 단체, 경마, 배구, 농구, 축구

- 정의성 결정요인 2가지	🎧 반공 확 경기자의 행동반경 확산 정도 경기장의 공간적 확산 정도
스포츠미디어의 이데올로기 전파 기능	🎧 자젠성영 소개국 이데올로기 자본주의, 젠더, 성공, 영웅, 소비주의, 개인주의, 국가주의

Theme 102 | 스포츠와 사회화

스포츠 사회화의 이론들	🎧 사역준 사회학습이론, 역할이론, 준거집단이론
1) 사회학습이론의 적용 = 역할학습접근방법	🎧 강코관 강화, 코칭, 관찰학습 = 어떻게 행동을 습득하고 수행하는가.
1) 사회학습이론의 사회화 과정 요인	🎧 개중사 개인적 특성, 중요타자 사회화 상황 : 접근성, 편리성, 환경만족+생활양식 개선, 여가기회 확대
2) 역할이론	무대 속 연기하는 배우처럼 역할 수행 위해 노력하며 상호작용과 모방 통해 사회화
3) 준거집단이론	🎧 규비청 규범집단, 비교집단, 청중집단 / 동일시 정도
스포츠와 사회화 단계	스포츠로의 사회화 : 참가, 참여 🎧 내외중부스토, 가동학지대 스포츠를 통한 사회화 : 참여의 결과 🎧 형정수유 + 경역태전 스포츠로부터의 탈사회화 : 참여 중단 🎧 환취정역인 스포츠로의 재사회화 : 복귀

Theme 103 | 스포츠로의 사회화 : 스포츠로의 참가 그 자체

스나이더 & 스프라이쳐, 스포츠 참여 요인, 스포츠 개입의 요소	🎧 내외중부스 내적만족 : 스포츠 활동 통한 내적 즐거움 외적만족 : 건강, 돈, 승리 중요타자의 인정 : 인정, 부정적 제재로부터의 회피 : 지위상실, 불명 스포츠 정체감
스포츠 사회화의 주관자, 중요타자	개인의 태도, 가치관, 행동에 가장 영향력 높은 객체 🎧 가동학지대 가족, 동료, 학교, 지역사회, 대중매체

Theme 104 | 스포츠를 통한 사회화 : 스포츠 사회화를 통한 결과, 가치 + 태도 + 기능 학습

스포츠를 통한 태도형성의 영향 요인 = 스포츠를 통한 역할경험	🎧 형정수유 + 경역태전 참가형태(행인정, 참생소 / 일이), 참가정도(빈기강), 참가수준(조비), 참가유형(일주탈중) / + 경기성향(태아지), 역할사회화(예공비개), 태도형성(방모입조동역), 전이(정자관위특)
1) Kenyon 스포츠 참가 형태	🎧 행인정, (직간) 참생소 행동적, 인지적, 정의적 참가 참가자, 생산자(직접 생산자, 간접 생산자), 소비자(직접 소비자, 간접 소비자)
– 생산자 구분의 기준	선수 외 경기 결과에 직접적으로 영향을 미치는가. 직접 생산자 : 코치, 심판, 트레이너, 의사 간접 생산자 : 구단주, 방송국, 경기장 관리원
1) Leonard 스포츠 참가 형태	🎧 일이(직간) 참생소 일차적 직접 참가자(주전과 후보) 이차적 직접 생산자, 이차적 간접 생산자 이차적 직접 소비자, 이차적 간접 소비자
2) 스포츠 참가 정도	🎧 빈기강 빈도, 기간, 강도
3) 스포츠 참가 수준	🎧 조(승탁안)비(공상불) 조직적 참가 : 승리, 탁월성, 안정성 / 역할학습, 수행결과 초점 비조직적 참가 : 공정성, 구성원 상호작용 강조, 불안정성

4) Kenyon & Schutz 스포츠 참가 유형	🎧 일주탈중 일상적, 주기적, 일탈적(일차적, 이차적), 참가 중단
5) Webb, 스포츠 사회화와 경기성향	🎧 태(공/기승)아지(참업) 경기에 대한 태도 : 공정, 놀이성향, 아마추어리즘 / 기능, 승리, 전문성향, 프로페셔널리즘 아마추어리즘과 프로페셔널리즘 스포츠 참여의 지향 : 참가지향, 업적지향
6) Thorton & Nardi, 스포츠 참여와 역할 사회화	🎧 예공비개[예상, 공식적(동조), 비공식적, 개인적 단계] 특정 역할 사회화되기 위해 위 단계를 거친다.
7) 마쓰다(송전), 스포츠 참여와 태도형성	🎧 방모입조동역 방어기제의 약화(외부로부터 자아의 안전에 대한 자극), 모방, 입장의 전환, 조건에의 부합, 동조행동, 역할행동
8) 스나이더, 스포츠를 통한 전이의 특성	🎧 정자본위특 참여의 정도, 참가의 자발성 여부, 사회화 관계의 본질성, 사회화 주관자의 위신과 위력, 참가자의 개인적·사회적 특성

Theme 105 | 스포츠로부터의 탈사회화 & 재사회화

탈사회화의 개념	🎧 환취정역인(요인) 환경, 취업, 정서, 역할, 인간관계 전 연령층에서 발생하는 스포츠 참여중지, 자발적·비자발적
재사회화의 개념	스포츠 참가 중단했던 비참여자기 새로운 영역의 스포츠로 참여 재개 선수 은퇴 후 방송해설자나 지도자로 역할모형 바꾼다.

Theme 106 | 스포츠계층 🎧 분서(특숙사)평(위호인)보(금권심), 사고보다영, 방시주인

스포츠계층 정의	스포츠라는 사회체계 내에서 개인의 사회적·문화적·생물학적 특성에 따라 권력, 부, 사회적 평가, 심리적 만족 등이 특정 집단 및 종목에 차별적으로 배분되어 상호서열의 위계적 체계를 이루고 있는 것을 말한다.
스포츠계층 이론	기능론 : 차별적 보상체계 필요함, 사회적 상승이동 가능, 사회통합, 체제유지 갈등론 : 스포츠계층은 불평등한 배분구조 강화, 착취수단, 대중통제, 소외
- 사회계층을 보는 관점	계층 : 기능론, 수직적, 연속적, 사회적 희소가치 양대로 서열화, 집합의식× 계급 : 갈등론, 경제적 지배, 복종, 대립적, 계급의식, 집합의식○
부르디외의 문화자본	🎧 체객제 체화된 문화자본(아비투스) : 스포츠, 어학 등 오랫동안 지속되는 정신과 신체의 성향 형태(+상징적 문화자본 : 위광)
스포츠계층의 형성과정	🎧 분서평보 지위의 분화 : 역할분업, 권한과 책임 구분, 모집과 훈련구조, 상벌 지위의 서열화 : 적재적소 인재배치, Tumin 역할비교(특숙사) 평가 : 🎧 위호인(위광, 호감, 인기). 서로 다른 위치에 지위 배분 보수부여 : 🎧 금권심(금전, 권한, 심리적 만족) 사회적 희소가치 차등배분
- Tumin 서열형성 기준 (역할비교) @ 지위의 서열화	🎧 특숙사 개인적 특성, 개인의 숙련된 기능능력, 역할의 사회적 기능
Tumin 스포츠계층의 특성	🎧 사고보(간내)다영 사회성 : 스포츠계층 규범과 관행 따라 사회문화적으로 구성, 운동 경력, 인격 등과 같은 특성이 요구 고래성 : 사회문화적 배경 따라 시대적합 불평등 존재, 상류층 구분짓는 스포츠 존재한다(베블렌). 보편성 : 종목 간, 종목 내 계층존재, 연봉, 인기 '급'이 구분된다. 다양성 : 희소가치 배분 정도 따라 다양함 - 카스트, 신분제, 계급(계층이동), 영향성 : 사회계층이 생활기회(수명), 생활양식(스포츠, 여가) 참여에 영향, 사회계층과 스포츠계층 서로 영향 준다. 상류층은 골프, 하류층은 걷기에 참여
경제적 계층에 따른 스포츠 참가 유형	참가유형-관람유형 상류층 : 직접참가, 직접관람 vs 하류층 : 간접참가, 간접관람
사회이동의 유형 기준	🎧 방시주인 * 계층상승이동 이동방향(수직, 수평), 시간간격(내간), 주체(개집), 인간관계(경후)

Theme 107 | 스포츠와 사회집단

스포츠 조직의 구조적 특성	🎧 관(수비임)기구 관료주의 : 수비임(수직적 명령체계, 비인격적 관계, 임무의 일반화) 기록과 통계 구조적 안정성
스포츠 조직의 구성요소	🎧 사(지역규) 스(위지) 사회적 지위 : 귀속, 성취 사회적 역할 : 역할긴장(하나의 역할 내), 역할갈등(두 개 이상의 역할 간) 사회적 규범 : 공식(규정, 금지), 비공식(허용, 선호) 스포츠 집단 내 위치 : 공간적 구심성, 구성원과 상호작용 스포츠 집단 내 지위 : 권위, 권력, 사회적 영향력
- 스포츠 집단 규범의 유형	🎧 규금허선 규정, 금지, 허용(스트라이크존, 어드밴), 선호(경기반칙)
- 스포츠 집단규범의 기능	🎧 정통 정보제공기능, 통합기능
Altman 통제수준에 따른 집단 활동영역	🎧 일이공(통제수준/통제기간) 일차적 영역(강력 / 장기), 이차적 영역(적정 / 단기), 공공영역(약 / 최소한)
Caplow 스포츠 조직의 수준 분류	🎧 기전관법 기본적, 전문적, 관리적, 법인적 수준
Blau & Scott 스포츠 조직의 유형	🎧 호사봉공(주수혜자 – 참여자, 소유자, 접촉 대중, 모든 대중) 호혜조직, 사업조직, 봉사조직(종목연맹), 공익조직(대한체육회)
스포츠 집단의 발달과정	🎧 선진주 선형모형, 진자모형, 주기모형
1) Tuckman 선형모형	🎧 형격규수해, 순단경 순차적 연속성, 5단계 단계적으로 거쳐야 한다. 경과기간이 다르다.
- 선형모형 단계별 특징	형성단계 : 집단 과제 인식, 역할결정, 선발, 규칙형성, 지도자 등장 격동단계 : 긴장, 갈등, 지도자에 대한 저항, 다양한 의견, 과제 의구심 규범화단계 : 내부 갈등해소, 규범과 역할 정형화, 응집력 생성(다짐), 과제생산성 극대화, 집단사회관계 확립(과제지향적 or 사회지향적 결정) 수행단계 : 만족, 역할수행, 효율성 강조, 대인관계 안정, 집중 해체단계 : 과제완성, 의무 종료, 우승
2) 진자모형	🎧 포통유, 대인관계 슐츠(포통유) : 성원으로의 포섭, 집단의 위계질서 위한 통제, 성원 간의 정서적 유대 대인관계의 변화 중시, 특정과정에서 집단 내 갈등, 긴장, 불만족 발생

3) 주기모형	🎧 입권친차종(입회, 권력 및 통제, 친김감, 차별화, 종료-해체) 시즌제 성원은 심리적으로 집단의 해체 또는 휴식기의 준비를 전제로 한다.
* 집단응집력 결정요인 (Carron)	🎧 환개리팀 환경요인(법규, 규모), 개인요인, 리더십요인, 팀요인(능력, 목표, 승부욕)
Gruber, Gray, TCQ, 응집성 측정	🎧 과(팀개과), 사(소인자) 과(팀개과) - 팀성적, 개인성적, 과제 만족도 사(소인자) - 소속감, 인정, 자부심
Carron, Brawley, Widmeyer, GEQ, 집단환경질문지, 응집성 측정	🎧 통과사, 개과사 집단통합 : 과제차원 / 사회차원 집단에 대한 개인매력 : 과제차원 / 사회차원
팀구축 프로그램(Carron)	🎧 환구과집 1 환(독근), 1 구(명규리), 2 과(희목협상), 3 집(과사)
1) 팀 환경요인(선행변인)	독특성 : 축구팀 이름과 유니폼 정하기 근접성
1) 팀 구조요인(선행변인)	역할명료성 : 미팅을 열어 역할과 책임 논의 팀 규범 수용, 팀 리더십
2) 팀 과정요인(과정변인)	희생 : 선배가 후배 돕기 팀 목표, 협동, 상호작용 : 파트너활동
3) 집단응집력(결과변인)	과제응집력 사회응집력

Theme 108 | 리더십 🎧 관구권, 과관, 상지구-규실선, 조잠과, 구(공(인관시)상과기), 과(위상능지)

리더십 이론의 종류	보편적 특성 : 위인론, 성격론 보편적 행동 : LGBQ 리더십 모형(배려성, 주도성), 팀형(9.9) 상황적 특성 : 피들러 상황부합이론(관구권, 과관) 상황적 행동 : 첼라두라이 다차원 스포츠리더십 모형(상지구, 규실선)
Fiedler 상황-특성이론, 상황부합 이론, 유관이론	🎧 관구권 /과관 리더와 성원의 관계, 과제구조, 리더의 지위권한과 권위 상황적 호의성(고통제 / 저통제 : 과제지향 리더)(중간 - 관계지향)
- 리더의 유형	과제지향 리더 : 고통제, 저통제 상황에서 효과적 관계지향 리더 : 중간통제 상황에서 효과적
Chelladurai 상황-행동이론, 다차원적 리더십모형	🎧 선(상지구) / 지(규실선) / 결(수만) / 훈권민사금 선행요건(상지구) - 지도자행동(규실선) - 결과변인(수행력, 만족감) 스포츠 상황을 대상으로 한 모형

- 1) 선행요건 - 2) 지도자행동	상황 특성 - 지도자의 규정된 행동, 선호된 행동 지도자 특성 - 지도자의 실제행동 구성원 특성 - 구성원들이 선호하는 행동
- 3) 결과변인	🎧 **수만** 이자리수만(리더행동 모두 일치하면 수행력, 선수만족 증가) 이상적(+++), 자유방임(---), 리더해임(+-+), 수행(++-), 만족감(-++)
첼라두라이 & 살레 지도자행동 유형	🎧 **훈권민사긍** 훈련과 지도 유형 : 목표달성 권위적 행동 유형 : 교사중심 민주적 행동 유형 : 학생참여 사회적 지지 행동 : 분위기, 관계 긍정적 피드백 행동 : 칭찬
Steiner 집단 효율성, 집단 실제생산성	🎧 **조 = 잠 - 과** 조직효율성(실제생산성) = 잠재적 생산력 - 과정손실(조동) 잠재적 생산력 - 자원(지식, 기술, 능력)의 총량 조정손실 - 잘못된 타이밍, 잘못된 전략 동기손실 - 최대 노력 기울이지 않음, 나 하나쯤이야.
스포츠 조직 지도자 충원이론	구조론 : 🎧 **공상과기**[공간적 구심성(인접성, 관찰성, 시계성), 상호작용률, 과업의존도, 기능수준] 과정론 : 🎧 **위상능지**(지도자 선정과 위치배분, 역할수행과 상호작용 결과, 역할수행과 지도자 능력의 평가, 지도자 선정과 충원)

Theme 109 | 스포츠와 여성 🎧 자마급사, 문차학대역, 분사갈, 생운사제

페미니즘 이론	🎧 **자마급사 페미니즘** 자유주의 : 참가기회, 장학금 균등, 타이틀나인 마르크스주의 : 생산수단, 부, 경제재구성 급진주의 : 여성 신체적합, 생물학적 조건차별, 성에만 근거 사회주의 페미니즘 : 계급차별, 성차별 편견 불식하기
스포츠에서 성차별의 사회적 근원	🎧 **문차학대역** 문화적 전통, 차별적 성역할 사회화, 학교의 전통적 성역할 강화, 대중매체의 편향적 보도, 역할모델의 희소성
여성의 사회적 역할과 스포츠	🎧 **성역할 분사갈** 분극화(특성 양립 ×), 사회화(기대행동양식 학습), 갈등(사회적 기대충돌)
여성스포츠 편견과 실제	🎧 **생운사제** 생리학적, 운동수행적, 사회심리학적, 제도적 측면
생물학적 환원주의	남자가 여자에 비해 월등한 운동능력을 보유하고 발휘하는 현상은 생물학적으로 자연스러운 것이며 차별 불가피하다는 것

Theme 110 | 스포츠와 일탈

1) 구조기능론적 관점 - Merton 아노미이론의 정의	① 사회질서 존속을 위한 일정한 행동규범 존재 　이러한 규범으로부터 벗어나려는 행동을 스포츠 일탈로 규정 ② 구조적 역기능, 목적-수단 간의 괴리, 긴장스트레스 유발, 일탈행동 발생
- 아노미이론 일탈행동 발생원인	🎧 구목긴일 구조적 역기능, 목적-수단 간의 괴리, 긴장스트레스 유발, 일탈행동 발생
- 아노미이론 목표수단 불일치에 따른 긴장해소 방법, 적응기제	🎧 동혁의도반 동조(OO) : 지연작전, 테크니컬 파울작전, 규칙허용 범위 내 경기전술 혁신(OX) : 승부조작, 심판매수 의례주의(XO) : 참가에 의의, 문화적 목표 수용 거부 도피(XX) : 배금주의와 비인간적 처사에 반발하여 은퇴, 참가 중단 반역(++) : 엘리트스포츠 풍토 배격하고 생활체육운동으로의 전환 촉구, 사회 　　　　　변혁 시도, 올림픽 개선운동, 국민체육진흥운동
2) 갈등론적 관점	🎧 경인젠 경제, 인종, 젠더
- 스포츠 일탈의 구조적 원인	🎧 양역가경 양립 불가능한 가치지향, 역할갈등, 가치 및 규범과 성공강박 간의 불일치, 경쟁적 보상구조
3) 사회통제이론	왜 일탈을 하지 않는가에 더욱 초점 내적통제 : 책임감, 자아정체성 외적통제 : 가정(애착), 학교, 법률
4) 상징적 상호작용론적 관점	🎧 낙차 낙인이론 : 사회의 권력구조 차별교제이론(하위문화이론) : 생활지도, 모범적 친구
일탈의 관점	절대론적 접근 : 절대적인 기준 상대론적 접근(구성주의적 접근) : 벗어나면 일탈(과잉동조, 과소동조)
- 일탈의 형태	긍정적 일탈, 과잉동조 : 규범지향적, 45세 최고령 축구선수, 포스베리, 무패 부정적 일탈, 과소동조 : 반규범지향적
- 휴즈 & 코클리 과잉동조 불러일으키는 스포츠 윤리규범	🎧 경탁위성 / 몰구인무(몰입, 구분짓기, 인내, 무한도전 규범) 경기에 헌신 : 〈희생〉, 스포츠를 우선순위, 동료들의 기대에 부응 탁월성 추구 : 최고가 되기 위한 모든 노력을 기울이는 특별한 집단임을 상기 위험과 고난 감수 : 개인이 〈위험〉한 상황 피하지 않고 지속적 참여 성공을 위한 어떤 장애물도 용납하지 않음 : 꿈을 이루어야 한다는 의무감
스포츠 일탈의 상대성	🎧 시장상 시간, 장소, 상황 + 사람
스포츠 일탈의 순기능	🎧 규안창 규범인지 및 순응과 일탈행동방지, 사회적 안전판의 역할, 창의성 발휘 창구

스포츠 일탈의 역기능	🎧 긴공부 긴장과 불안조성, 공정성 및 스포츠 질서체계 훼손, 부정적 사회화
스포츠 일탈의 유형	약물복용, 폭력(도적, 격경유범, 과상남), 부정행위(제도적, 일탈적), 범죄행위(정화이론, 사회학습이론), 과도한 참가(과잉, 과소)

Theme 111 | 폭력과 집합행동(관중폭력)

스포츠 폭력의 원인	🎧 상역팀(도성남개), 스포츠상업화, 운동선수 역할사회화, 팀의 구조적 특성(도덕적 가치, 성인지위, 남성성, 개인의 적합성에 대한 위협)
Smith 스포츠 폭력의 유형	🎧 격경유범 격렬한 신체접촉, 경계폭력(전략, 빈볼, 규칙위반), 유사범죄 폭력, 범죄 폭력
Baron 폭력의 형태	🎧 도적 도구적 폭력, 적대적 폭력
Smelser의 집합행동	🎧 전적 전염, 적대적 분출
Federico 집합행동의 유형	🎧 수활(공도취표) 수동적 관중 / 활동적 군중(공격적 폭도, 도피군중, 취득군중, 표출군중)
Blumer 군중의 유형	🎧 우인표행 우연적 군중, 인습적 군중, 표출적 군중, 행동적 군중
집합행동(관중폭력) 이론	🎧 전수발부 전염, 수렴, 발현적 규범, 부가가치
– 전염이론	🎧 피모순(피암시성, 모방과 전염, 순환적 반작용) 생각과 감정 전염, 모방, 개인적 정체성 상실 함성, 분위기에 동화, 자극 연쇄적, 통제력 잃기 동화 → 폭력적 군중
– 수렴이론	🎧 익몰반 사회적 익명성 보장, 몰개성화 상황, 반사회적 욕구 폭력행동으로 표출
– 발현적 규범(규범생성) 이론	🎧 압조정통 사회적 압력, 조용한 군중, 집합행동 과정의 정당성, 집합행동 통제성 = 위 둘과 다른 발현적 규범이론의 특징 개인의 특수성과 장소 고유의 공유규범이 생성, 동조압력에 의한 집합행동 발생, 테니스 박수

- Smelser 부가가치이론		🎧 **구구일촉참사 / 예원** 구조적 요인, 구조적 긴장, 일반화된 신념의 성숙과 파급, 촉발사건, 참여자 동원, 사회통제기제 장점 : 예측과 원인설명 가능
Smith 스포츠 관중행동의 유형		쟁점성 관중행동(구상촉) : 구조적 근원(시위, 대결), 상황적 근원(입장거부, 패배), 촉발요인(날씨, 시설) 무쟁점성 관중행동(상) : 상황적 근원(승리축제, 떼지어몰려다니기)
스포츠 집합행동의 원인		사회구조요인 상황요인 - 규밀소좌구(규모, 밀도, 소음, 좌석 중 입석, 구성)

Theme 112 | 순기능과 역기능 시리즈

스포츠의 사회적	순기능	🎧 정화통
	역기능	🎧 소통상성
스포츠의 정치적	순기능	🎧 통외사
	역기능	🎧 이지국
프로스포츠의	순기능	🎧 스아대통경
	역기능	🎧 편아도
스포츠의 교육적	순기능	🎧 전(학사정) 통(내와) 선(여장평)
	역기능	🎧 교(승참성) 부(상위일) 편(독비)
스포츠 일탈의	순기능	🎧 규안창
	역기능	🎧 공부

실전 전공체육

실전 전공체육

PART 5
운동역학

CHAPTER 18 운동역학의 이해

CHAPTER 19 공식 정리

Chapter 18
운동역학의 이해

113 | 운동역학의 기초

운동역학의 내용, 구성	기능해부학 정역학($a=0$) : 안정성, 정적 근력, 부력 동역학($a\neq0$) : 운동학(위치, 속도, 결과) & 운동역학(힘, 원인) 유체역학
운동역학의 목적	경기력 향상(효과성 & 효율성), 스포츠 상해 최소화, 스포츠용 기구개발
해부학적 기초	운동면과 축 / 관절의 운동형태(굴곡, 신전) / 근수축 형태(등장, 등척, 등속) / 근수축 형태의 특징(단축, 신장) / 주동근
- 전후면(sagittal)	- 전후면, 좌우축, 굴곡신전 좌우축, 굴곡 / 신전 / 과신전
- 좌우면(frontal)	전후축, 내번 / 외번
- 수평면(transverse)	수직축, 회내 / 회외 / 회전
인체의 구조적 특성	분절과 지레
- 인체의 분절모형	강체분절연쇄계 : 분절의 질량중심점 관모 일정, 무게중심 관모 변화 채찍질효과 : 중심으로부터 원위단 분절질량과 부피감소, 총 각운동량 전이 분절의 속도 = 신체중심의 속도 + 신체중심에 대한 분절의 상대속도
- 인체지레의 종류와 운동 (축, 힘, 저항점)	1종지레 : 시소, 고개움직임 🎧 **힘축저** 2종지레 : 팔굽, 종아리근육 / 힘이득 / 힘팔>저항팔(폐쇄사슬) 🎧 **축저힘** 3종지레 : 치기, 차기, 던지기 / 속도, 거리이득 / 힘팔<저항팔(개) 🎧 **축힘저**
운동의 형태, 종류	선운동(병진운동) : 직선, 곡선운동. 모든 부분 동일시간, 방향, 거리 각운동(회전운동) : 회전축 중심 회전하는 운동 복합운동(각운동 + 선운동) : 신체무게중심 선운동 + 팔다리 각운동 ＊각속도가 선속도에 영향을 준다. 3종지레(각속도 증가 - 선속도 증가)

Theme 114 | 정역학

질량과 무게	질량(kg) = m 물질의 고유 역학량 무게, 체중(N) = mg = 질량×중력가속도
무게중심	물체의 무게 균등하게 나누어 균형을 이루게 하는 점 무게중심선(= 중력 작용선) : 무게중심을 중력방향으로 내린 선 균형 : 정지, 움직이는 기저면 대해 몸의 무게중심 조절하는 과정 움직임 : 사지 위치변화로 무게중심 위치 변화, 동적균형, 새 기저면 형성하기
중력	중력가속도(g) 공중에서 중력은 물체의 무게중심에 집중, 회전성분 토크 유발하지 않는다. 중력은 항상 신체무게중심에 집중 투사체 : 수직 등가속도운동 / 수평 등속도운동(공기저항 무시)
부력	DgV(물의 밀도×중력가속도×물체의 잠긴 부피) 유체속 물체에 중력 작용선에 반대방향, 같은 크기로 작용 중력 작용선과 부력 작용선 일치하면 균형, 일치 안하면 토크 발생
정적 안정성 요인	🎧 크높위질마 기저면 크기, 무게중심 높이, 무게중심선의 위치(기저면 중심 가까울수록, 외력과 멀수록-보상작용), 물체의 질량, 마찰력
정적 불안정성 극대화 방법	🎧 크높위 기저면의 크기 좁게, 무게중심의 높이 높게, 무게중심의 위치 기저면 밖에 (+질량, 마찰력 가볍게)
동적 안정성	무게중심 기저면 벗어날 때 새 기저면 생성하여 동적 안정성 유지 곡선주로 마찰력에 의해 구심력 증가
회전 안정성 영향요인, 평형성 증진	− 각운동량 = 관모(질량×모멘트암제곱)↑각속도↓ +🎧 크높위질마(선운동−질량×속도) 신체중심의 수직선이 기저면 벗어나 발생하는 회전력 때문, 양 팔을 옆으로 쭉 뻗어 관성모멘트를 크게 하여 안정성을 깨트리는 회전운동에 대한 저항토크 증가, 각속도 감소, 안정성 회복

Theme 115 | 동역학

힘의 3요소, 힘의 작용	🎧 크방작 크기, 방향, 작용점 작용점이 무게중심 지나면 선운동, 안 지나면 각운동)
스칼라와 벡터	스칼라 – 크기만 있고 방향은 가지지 않는 양(에너지, 일, 파워) 벡터 – 크기와 방향을 동시에 가지는 양(변위, 속도, 가속도, 무게)
향심력과 편심력	향심력 = 구심력 : 무게중심을 지나는 힘 편심력 = 원심력 : 무게중심을 지나지 않는 힘, 회전유발, 각운동
관성 깨고 운동 상태 변화시키는 원인	힘(합력>0) : 이동, 정지, 방향변화 유발 토크(합력>0) : 회전운동 유발, 구단(추>저), 등척(추 = 저), 원신(저<추)
– 힘의 유형	내력 : 골격근수축 – 각분절운동 – 각운동량 → 외력유발 → 운동유발 외력 : 지면반력, 중력, 공기저항, 부력, 마찰력
– 외력의 방향과 운동방향 일치/불일치	일치 = 추진력 $a>0$ = 정적가속 불일치 = 저항(제동)력 – $a<0$ = 부적가속
– 힘의 벡터적 특성	합성력, 합성속도 = 결과 (수직속도 + 수평속도, 선 + 각속도) 분해 = 원인 : 수평성분과 수직성분으로 분해해서 보기

선운동학

선운동	무게중심의 운동, 선(병진)운동 = 직선 + 곡선 향심력, 무게중심 지나는 힘을 받아, 무게중심의 선운동 유발
거리, 변위/속력, 속도	물체의 이동길이, 이동최단길이 / 단위시간당 이동거리, 단위시간당 이동변위 속도의 방향은 변위의 방향과 항상 같다.
- 상대속도	너-나. 관측자에 의해 물체가 관측, 벡터, 부호중요
- 등속도(직선)운동	합력=0, 가속도=0 예)100m달리기 이동거리 시간에 비례, 시간이 변해도 속도는 일정, 에너지 효율적
- 가속도와 속력	정적가속 : 속도방향(+) 가속도방향(+) 같으면 속력 증가 부적가속 : 속도방향(+) 가속도방향(-) 다르면 속력 감소
- 등가속도 운동방정식	① $v_f = v_0 + at$: 투사체 포물선운동, 접점도달시간 ② $s = v_0 + \frac{1}{2}at^2$: 최대수직변위 ③ $2as = v_f^2 - v_0^2$: 일에너지관계, 높이뛰기, 시간 안 줄 때
뉴턴의 선운동법칙	관성, 가속도, 작용-반작용의 법칙
- 제1법칙, 관성의 법칙	관성의 법칙. 외부로부터 물체의 힘이 작용하지 않거나, 작용하는 힘의 합이 0이면, 정지하고 있는 물체는 계속 정지해 있고, 운동하던 물체는 계속해서 등속도운동을 한다.
- 제2법칙, 가속도의 법칙	물체에 외력이 발생하면 가해진 힘의 방향으로 힘의 크기에 비례하고 질량에 반비례하는 가속도 발생한다.
- 제3법칙, 작용-반작용의 법칙	물체 A가 물체 B에 힘을 작용하면, 항상 물체 B도 물체 A에 같은 크기의 힘을 반대로 작용한다.
투사체 운동의 성분 분해 분석	x성분, 수평성분속도 : 제1관성의 법칙, 공기저항(무시), 거리 y성분, 수직성분속도 : 제2가속도의 법칙, 등가속도운동, 높이
- 공기저항 무시, 투사체 운동의 특성	① 투사높이-착지높이 동일할 때 좌우대칭 포물선 운동 ② 정점(최고높이)에서 순간 [수직속도는 0m/s]이다. ③ 투사높이와 착지높이 동일할 때, 투사시점과 착지시점의 수평속도와 수직속력은 각각 동일하다 ④ 수평성분은 등속도운동 / 수직성분은 마이너스 등가속도운동(상승 중 감소, 낙하 중 가속)한다.
- 투사체 운동 영향 요인	🎧 각속높 투사각도 : 수직(90°) / 0° < 투사각 < 90° / 수평(0°) 투사속도 : 투사속력 클수록 수평변위, 수직변위, 체공시간, 투사궤적 커진다. 상대투사높이 : 나-너. 양, 45°보다 낮게 / 음, 45°보다 높게 상대투사높이 높을수록 비행시간, 체공시간(수직변위) 증가

– 적정 투사조건	① 투사속도 최대 ② 상대투사높이에 따른 투사각도 결정
– 적정 투사조건 스포츠에 적용	도약경기, 투사각도 → 투사속도, 수평속도유지 + 상대투사높이(인체무게중심) > 0 45°가 이론적 적정강도지만, 45° 얻기 위해 수평속도 50% 감소 따라서 [수평속도 최대로 유지하면서 이륙] 가능한 18~27도 각도 이륙

Theme 117 | 선운동역학

힘	힘 = 질량 × 가속도(수직 or 수평) 힘 = $\dfrac{충격량}{작용시간} = \dfrac{m(v_f - v_0)}{t}$ (충격량 = 힘 × 작용시간) 힘 = $\dfrac{일}{변위} = \dfrac{마지막\ 역학적\ 에너지 - 처음\ 역학적\ 에너지}{변위}$ (일 = 힘 × 변위)
지면반력 ↑↔	수평성분 = 마찰력(↔ 외력) = 마찰계수 × 수직항력 수직성분 = 체중 + 수직항력(−체중) 지면과 접촉해 있을 때 지면을 누르는 힘의 반작용력, 추진력 지면을 딛고 하는 모든 운동에 적용
마찰력 ↔	마찰력 = 마찰계수 × 수직항력(mg) 접촉면에서 물체의 운동방향의 반대방향 작용하는 힘, 저항력 $F = -F$, 저항력으로 운동을 방해하거나 저지하는 힘
수직항력 ↑	$-mg$. 접촉면에 수직방향으로 중력 평형[물체 무게 받치는 힘] 정지 중 수직항력의 크기는 무게의 크기와 같고 방향은 반대이다. 수평면(=) / 빗면(수직항력<무게, 미끄러지는 순간) / 수직면(=)
– 정지마찰력	외력 작용하나 물체는 정지, 물체의 운동 반대방향 정지 마찰력 작용(외력의 크기 = 마찰력의 크기)
– 최대정지마찰력	물체가 움직이는 그 순간 작용된 마찰력, 정지마찰력 중 가장 최대 시점의 마찰력, 수직항력에 비례, 마찰계수에 영향
– 운동마찰력	운동 중 작용되는 마찰력, 외력○, 물체 등속도운동 (외력의 크기 = 마찰력의 크기)
– 운동마찰력 유형	미끄럼 마찰력(0.1~1.0) : 움직이기 직전 최대. 스파이크화 / 스키, 면적과 무관하고 수직항력에 비례한다. 구름 마찰력(≤0.1) : 접촉면 위 구를 때 형태 변형되면서 발생하는 마찰. 바퀴 고압(마찰력 최소, 속도 증가) / 저압(마찰력 증가, 안정성 증가)
정지관성 / 운동관성	질량 / 운동량
– 운동량	질량 × 속도 질량의 움직임, 운동이 얼마나 크게 일어나고 있는가.

– 선운동량보존의 법칙	외력이 없을 때(마찰력×, 공기저항×) 충돌 전 운동량 = 충돌 후 운동량 : A$(m(v_0))$+B(mv_0) = AB의 mv
– 충격량	충격력×작용시간 = 마지막 운동량−처음 운동량. 팔로스로(충격력 감소, 부상방지) 양팔의 전방스윙 = 다리의 충격력 증가, 지면반력 증가
임팩트(충돌)	임팩트 = 운동에너지×힘가해지는 시간×충돌 면적 직접충돌 / 간접충돌 = 선운동량 + 회전운동량 총운동량 = 선운동량 + 각운동량 = 총역학적 에너지
– 탄성충돌의 유형	e 탄성계수 = 상대높이의 비율의 루트, 상대속도의 비율의 절댓값 완전 탄성충돌 : 1 = [충돌후속도 / 충돌전속도], 당구공 불완전(비) 탄성충돌 : 0 < 탄성계수 < 1, 충돌 후 일시적 변형 후 형태 복원, 공, 찌그러지며 탄성E 저장 후 운동E 사용, 후크의 법칙 완전 비탄성충돌 : 탄성계수 = 0, 분리속도 = 0, 받기, 꽂히기
– 리바운드의 성분 분해	수평 성분력 : 마찰력, 수평속도 수직 성분력 : 탄성계수, 낙하높이
– 리바운드의 유형	🎧 접입반리 접지각 \ 입사각 ∣ 반사각 / 리바운드각　　　*수직면 반대 탑스핀 : 반사각 증가 − 리바운드각 감소, 수평면 전방속도 증가 백스핀 : 반사각 감소 − 리바운드각 증가, 수평면 전방속도 감소
– 스포츠에서 탄성력, 도구 타격 후 공의 속도 결정변인	임팩트 키우기, 파워키우기 파워 = 힘×속도(적정질량 도구로, 속도도 높이기) 큼 : 도구질량, 충돌속도, 작용시간, 탄성계수 작음 : 공의 질량, 충돌각도(동일 직선상)
– 타격 시 라켓을 든 팔의 운동량 키우기	스윙 초기 : 관절 굴곡하여 관성모멘트 줄이고 각속도 높이기 타격 직전 : 각속도 최대일 때 관성모멘트도 키우기 위해 관절 신전하고 운동량 키우기, 충격량 키우기, 파워 키우기

Theme 118 | 각운동학

각운동	물체의 무게중심 벗어난 힘에 물체의 모든 점들 축을 중심으로 원운동. 비평형 편심력, 토크의 작용
각거리, 각변위	각거리 전체 움직인 각도(왕복거리까지 고려) 처음−마지막 위치(운동 시작점, 종결점)　　　　　1rad=60°
각속력, 각속도, 각가속도	각거리 / 시간, 각변위 / 시간. 각속도의 변화량 / 시간변화량 −시계방향, +반시계방향
선운동과 각운동	$v=rw$ 선속도(v) = 반지름×각속도 : 주관절보다 손목관절에서 선속도가 더 크다. 각속도(ω) = 각변위 / 시간 : 주관절이나 손목관절이나 각속도는 같다.

Theme 119 | 각운동역학

관성모멘트	관성모멘트 = 질량×자이레이션반경(회전반경)제곱 / $I=mr^2$ 현재의 운동변화에 대한 저항, 운동 중 상태 유지하려는 속성
– 평행축원리	A축 관성모멘트 = (축으로부터 관모+강체의 관모) + (--+----)
토크	토크 = 힘×모멘트암 = 힘×각가속도 편심력 = 선 + 각운동 무게중심선을 수직으로 내리고, 관절축으로부터 거리 길 / 짧 중력에 대항. 상승–관절굴곡 관모 줄이고 / 하강–관절신전 관모 키우기
– 근육에서 토크생성, 관절 움직임 유발	추진토크와 저항토크의 관계로 구심성, 등척성, 원심성 수축 축과 무게중심선 거리 비교하기
– 짝힘	한 물체 크기 같고 방향 반대인 힘 작용, 순수한 회전력만 생성, 편심력이지만 두 힘이 서로 상쇄, 모멘트팔이 더 길어진 효과, 선운동 발생하지 않음. 오직 각운동만 발생
뉴턴 각운동의 법칙	각관성, 각가속도, 각작용–반작용의 법칙
– 제1법칙	각관성의 법칙[정지–관모, 운동–각운동량(관모×각속도)] 회전하는 물체 외력이 작용하지 않는 한 현재의 운동상태 유지 〈각운동량 보존의 법칙〉 설명 – 중력만이 외력, 중력만으로 토크 발생× 외력×, 도약 시 만들어진 각운동량 비행 중 그대로 보존
– 제2법칙	각가속도의 법칙(각가속도 = 토크 / 관성모멘트) 강체에 비평형의 토크 가해짐 → 토크에 비례 & 관성모멘트 반비례하는 각가속도가 토크와 동일한 방향으로 발생한다. 자세변화 관성모멘트를 조절, 각가속도 조절 가능
– 제3법칙	각작용–반작용의 법칙. 공중동작 : 각관성의 법칙 + 각운동량 보존법칙 + 작용–반작용 법칙, 각운동량 일정하고 힘 작용한 만큼 반작용 발생하여 – 상쇄, 변화×
각운동량과 각충격량	각운동량 = 관성모멘트×각속도 각충격량 = 마지막 각운동량–처음 각운동량 = 토크×작용시간
– 각운동량 보존의 법칙	각관성의 법칙, 외부토크 작용하지 않으면 전체 각운동량 일정하게 유지. 지면을 박찰 때 각운동량 생성, 일정하게 유지. 공중투사 선운동량 – 수직성분(등가속도운동), 수평성분(등속도운동) 일정하게 유지 : 신체중심의 가속도, 신체중심 시간당 수평이동변위 변화 : 전신의 선운동량(수직 + 수평), 신체중심의 시간당 수직이동변위
– 각운동량 전이	전체 운동량 = 각운동량 + 선운동량 선운동량을 – 각운동량으로 전이 – 다시 선운동량으로 전이 속도를 증가시키기 위해서 몸통, 상완, 전완, 손의 최대회전속도가 순차적으로 발생하도록 하는 것이 효과적이다. 전신의 각운동량 일정, 오른팔 각운동량 키우면, 왼팔 줄여주기

- 신체분절의 속도	분 = 중상 = 신체중심의 속도 + 분절의 신체중심에 대한 상대속도
- 각운동량 상쇄	팔다리 시계방향 회전하고 몸통 반시계방향으로 회전하면 시계방향 각운동량 상쇄돼서 전신 균형 유지, 체공시간과 도약거리 증가
- 카운터밸런스	신체일부가 각운동량 생성-나머지 분절 보상하면서 균형 유지, 공중동작 중 팔다리의 각운동량이 전신 또는 다른 신체부위의 각운동량으로 전이되어 〈전체 신체의 균형 유지〉
*선속도와 각속도	선속도 = 회전반경 × 각속도 / 모두 비례한다. 스윙 초기 구간 – 관절 굴곡, 회전반경 줄이고, 각속도 최대화 임팩트 순간 근접 – 관절 신전, 회전반경까지 최대로, 선속도 키우기
*선운동량과 각운동량	전체 각운동량 = 선운동량 + 각운동량
등속 원운동	운동속력 일정하지만 운동 방향이 바뀌며 원으로 회전 운동 등가속도운동× : 가속도 방향 바뀜, 크기 일정 접선 가속도×(선속도의 변화로 생김, 따라서 등속에선 없음)
가속 원운동	회전방향, 회전속력 변화하며 원으로 운동. 속력 점차 빨라짐 접선 가속도○(선속도의 변화로 생김)
- 구심력 ←	구심력 = 질량 × 선속도제곱 / 회전반경 = 관모 × 각속도제곱 × 회전반경 $mv^2/r = m\omega^2 r$ 구심력 = 질량 × 구심가속도 직선으로 운동하려는 관성을 직각인 원중심으로 잡아당기는 힘
- 구심가속도	구심가속도 = $v^2/r = r\omega^2$ ($\tan\theta = v^2/rg \leq$ 최대정지마찰력) 구심가속도 = 선속도제곱 / 회전반경 = 회전반경 × 각속도제곱 물체의 원중심방향 가속도 발생(크기 + 방향)
- 원심력 →	구심력과 크기가 같고 방향이 반대인 구심력에 대한 반작용력, 회전궤도 이탈하고자 하는 가상적인 힘
- 접선가속도	접선가속도(a) = 회전반경 × 각가속도 속력의 방향과 평행, 물체의 속력 증감 접선가속도는 반대방향의 가속도 원운동하는 물체 질량중심의 선속도방향과 반내방향으로 작용한다.
- 원심력 극복방법	몸을 구심 방향으로 기울인다. 구심력 방향으로 마찰력 증가, 수평 지면반작용력 증가로 원심력을 배제시켜 넘어지지 않고 빠른 속도로 달린다. 경사면은 마찰력의 제약 없이 보다 손쉽게 구심력을 얻도록 한다.

Theme 120 | 유체역학

부력	부력 = 물의 밀도 × 중력가속도 × 물체잠긴부피. 부력 = DgV 부피(↑)를 키워서 부력(↑) 키우기. 운동 시 항력 줄이기 유체 속에 있는 물체에 중력 반대로 작용하는 힘 아르키메데스 원리 : 부력크기 물체에 작용하는 중력의 크기와 같다. 균형○ : 무게중심과 부력중심 만남 / 균형× : 부심(축), 경심(r)
항력(유체마찰력)*키워드*	항력=1/2유압×물체의 횡단면적×상대속도^2 $F=\frac{1}{2}KPSV^2$ 항력 일정 : 횡단면적 줄이기 & 물체속도 높이기 〈선수가 움직이는 속도의 방향과 반대방향 작용힘〉=저항력(유체마찰력) 항력의 수직 방향으로 양력이 발생 종단속도 : 중력과 항력의 크기 동일한 순간, 등속도운동(스카다)
- 영향요인	상대속도 : 저속-유체층류로 마찰, 고속-후방난류로 유체마찰력 횡단면적 : 유체흐름에 직각, 큰, 증가, 전후 압력차 표면구조 : 거칠수록 증가 유압과 상대속도
- 항력의 유형	형태항력 : 물체의 전후 압력차로 후방 난류, 항적지역, 유체층 섞임. 　　　　　저압지대형성, 횡단면적 줄이기 & 유선형으로 만들기 & 후류 표면항력 : 물체 표면과 유체 사이 마찰로 발생, 표면에 난류생김 조파항력 : 서로 다른 두 유체 경계에 발생, 물, 잠수하면 됨
- 난류현상, 항적지역	상대속도가 빨라지면, 인접 유체의 층이 섞여 소용돌이가 일어난다. 저압지대형성, 진행속도가 느려진다.
- 골프공 딤플	형태항력으로 물체 전후 압력차가 크면, 후방에 항적지역이 생겨 공의 속도 저하된다. 딤플은 표면의 구멍에서 작은 난류를 만들어 표면항력을 높이고 후방 항적지역의 크기는 상대적으로 줄여 형태항력을 더 감소시킨다. 결과적으로 전체항력이 감소하여 공이 더 멀리 날아간다.
- 항력 이용 현상	🎧 후상하 후류현상 : 사이클은 앞 선수의 항적지역(저압)이 뒷선수 견인력 형성, 형태항 　　　　　력 감소, 전진 추진력을 돕는다. 상방경사 : 비행기(밑에서 위로) 하방경사 : 스포츠카, 사이클헬멧(위에서 아래로) : 마찰력, 속도 증가
양력	양력=$\frac{1}{2}$×양력계수×밀도×표면적×상대속도제곱 = $\frac{1}{2}KPSV^2$ 항력의 수직방향에서 발생하는 힘, 베르누이의 원리, 마구누스의 힘
- 상방양력/하방양력	상방양력 : 수직속도 증가, 상승, 하방양력 : 지면반력 증가, 수평속도 증가, 안정성 증가
- 양력효율지수	자세각, 공격각, 앙각 양력 / 항력. 항력이 있어야 양력이 있다. 최댓값 찾기
- 베르누이의 원리	밀도 일정할 때 유속과 유압은 반비례한다.
- 마그누스의 힘	힘 가한 쪽에 고압-느린 속도 발생, 반대쪽 저압-빠른속도 발생, 베르누이 원리에 따라 유압과 유속 반비례, 압력이 높은 쪽에서 낮은 쪽으로 공을 미는 힘이 발생하여 〈물체가 회전〉

Theme 121 일과 에너지

일	일 = 힘 × 변위 = 역학적 에너지의 변화량(선각운동E 마지막−처음)(+PE) 물체 운동상태 변화 위해 저항 극복하기(등척성운동 ×)
− 양의 일/음의 일	운동이 지속하는 방향과 일치하는 힘의 작용은 양의 일 운동이 지속하는 방향과 반대의 힘의 작용은 음의 일
일률	일률 = 힘 × 속도 = 일 / 시간
에너지	물체의 일할 수 있는 능력 일을 하면 에너지 감소 / 일을 받으면 에너지 증가
− 운동에너지	운동에너지(KE) = $\frac{1}{2}mv^2 = \frac{1}{2}I\omega^2$
− 위치에너지	① 중력에 의한 위치에너지(PE) = mgh or ② 탄성에 의한 위치에너지 = $\frac{1}{2}$ × 탄성계수 × 변형된 길이^2 (후크의 법칙 : 외력, 변형, 탄성력 비례) 장대높이뛰기, 활, 신장단축주기
역학적 에너지 전환의 법칙	역학적 에너지 = 위치에너지 + 운동에너지 = $mgh = \frac{1}{2}mv^2$ 위치에너지와 운동에너지는 서로 전환될 수 있으며 외력(중력 외)이 작용하지 않는 한 그 합은 항상 일정하게 유지된다.
− 역학적 에너지 보존 법칙	역학적 에너지 = 운동에너지 + 위치에너지 = 일정 $\frac{1}{2}mv^2$(or $\frac{1}{2}I\omega^2$) + mgh = 일정
− 에너지 효율	인체의 에너지 효율 = 역학적으로 한 일 / 인체가 소모한 에너지 양 = 산출 / 투입 일 = 역학적 에너지의 변화량(마지막 역학적 에너지−처음 역학적 에너지)

Theme 122 | 운동역학적 지식의 현장 적용

걷기와 달리기	보행속도 = 보폭 × 보빈도(보빈도 키우기) 달리기 회복국면 다리접기 : 관성모멘트 줄여 다리를 더 빠르게 회전(내뻗기) 무릎관절 굴곡, 하지질량 엉덩관절에 가까워 회전반경 감소, 달리기에서 각운동과 선운동의 관계, $v\uparrow = r(-)\ \omega\uparrow$
공중동작	도약, 신전(관성모멘트 키우기) → 공중, 굴곡, 회전(각속도 키우기) → 입수, 신전, 균형확보(관성모멘트 키우기)
멀리뛰기, 높이뛰기	발구름하지 않는 다리 굴곡, 후방에서 전방으로 무게중심 이동하며 충격시간 키우기+양팔 상방 스윙의 각운동량으로 〈무게중심 높이기, 전신으로 각운동량 전이, 지면 밀어내는 추진력, 반작용력 증가〉 → 시계방향 각운동생성, 팔다리 시계방향으로 회전할 때 몸통 반시계방향으로 시계방향의 각운동량 상쇄하므로 전신 균형 유지, 체공시간과 도약거리 증가
– 도약 후 착지 안정성 높이기	① 착지 전 몸의 회전반경 키워 관성모멘트 키우기 ② 한 발 내딛어 기저면 넓혀 안정성 높이기 ③ 팔을 시계방향 회전, 몸전체 시계방향 회전 상쇄, 균형회복
타격한 공의 속도 증가시키기	임팩트 순간 라켓의 선운동량 : 선운동량 = 질량 × 선속도 선속도 증가시키기 위해 회전반경과 각속도 이용하기 구심가속도($= \dfrac{v^2}{r}$ or $r\omega^2$) 증가, 접선가속도($a = r\alpha$) 증가 신체중심 전진속도 이용, 지면반력 추가, 체중 더하기
던지기, 차기, 치기	분절이 회전하다가 각속도가 최대인 시점에서 분절 고정으로 원위분절로 각운동량을 전이, 질량이 작은 원위분절은 더 빠른 각속도를 발휘 최대의 각운동량을 발휘 $\alpha = \dfrac{\omega}{t}$: 각속도 점점 증가, 선가속도 증가
사이클 경주	작용토크 = 마찰력 × 체중 반작용토크 = 중력 × 중력모멘트 팔길이 = 중력토크 몸 구심 방향으로 기울여, 구심력 방향으로 마찰력 증가, 수평 지면 반작용력 증가로 원심력을 배제, 넘어지지 않고 빠른 속도로 달린다.
밀기, 당기기, 들어올리기, 옮기기	수직항력 키우기, 줄이기

Chapter 19
공식 정리

Theme 123 | 선운동 역학공식

거리(변위)(m)	거리(변위) = 속도×시간	$d = vt$
속도	속도 = 변위 / 시간	$v = d/t$
가속도	가속도 = 마지막 속도−처음 속도 / 시간	$a = \dfrac{v_f - v_0}{t} = \dfrac{\Delta v}{t}$
가속도	가속도 = 힘 / 질량	$a = \dfrac{F}{m}$
선운동량(Ns)	선운동량 = 질량×속도	$p = mv$
힘(N)	힘 = 질량×가속도	$F = ma$
일(J)	일 = 힘×변위	$W = Fd$
일(J)	일 = 운동에너지의 변화량 $= \dfrac{1}{2}mv_f^2 - \dfrac{1}{2}mv_0^2$ = 역학적 에너지 변화량 = 운동E+위치E 변화량	
파워(일률)(W)	파워 = 일 / 시간	$P = \dfrac{W}{t}$
파워(일률)(W)	파워 = 힘×속도	$P = Fv$
충격량(Ns)	충격량 = 힘×작용시간 = 질량×(마지막 속도−처음 속도)	$I = Ft = m\Delta v$ $= m(v_f - v_0)$
충격량	충격량 = 운동량의 변화 = 마지막 운동량 − 처음 운동량	$Ft = m(v_f - v_0)$
충격력, 힘	힘 = 마지막 운동량−처음 운동량 / 시간	$F = \dfrac{m(v_f - v_0)}{t}$
충격력, 힘	힘 = (1/2×질량×속도제곱) 마지막 운동량 / (작용거리) 변위	
마찰력	마찰력 = 마찰계수×수직항력	$F = \mu N$ (마찰력×수직항력)
최대정지마찰력	속도제곱 / 회전반경×중력가속도 ≤최대정지마찰계수	$\dfrac{v^2}{rg} \leq M$
탄성계수	탄성계수 = 절댓값[충돌 후 속도 / 충돌 전 속도] $(0 < e < 1)$	속도절댓값
탄성계수	탄성계수 = 루트(튀어오른 높이 / 떨어트린 높이) $(0 < e < 1)$	높이루트, $e = \sqrt{\dfrac{h}{H}}$
중력에 의한 위치에너지	중력에 의한 위치에너지 = 무게×높이	$PE = mgh$

탄성에 의한 위치에너지	탄성에 의한 위치에너지 = $\frac{1}{2}$ × 탄성률 × 변형량 제곱	$KE = \frac{1}{2}$
운동에너지	운동에너지 = $\frac{1}{2}$ × 질량 × 속도제곱	$KE = \frac{1}{2}mv^2$
역학적에너지	역학적 에너지 = 위치에너지(중력+탄성)+운동에너지	
최대높이	최대높이 = $\frac{속도제곱}{2중력가속도}$	$h = \frac{v^2}{2g}$
참고	$\frac{1}{2}mv^2$ (or $\frac{1}{2}I\omega^2$) + mgh = 일정 높이 = 속도제곱 / 2중력가속도 ($h = v^2/2g$)	

Theme 124 | 각운동 역학공식

관성모멘트(kg·m²)	관성모멘트 = 질량 × 회전반경제곱	$I = mr^2$
각속도	각속도 = 각변위 / 시간	$\omega = \frac{d}{t}$
각가속도	각가속도 = 각속도 / 시간	$\alpha = \frac{\omega}{t}$
각가속도	각가속도 = 토크 / 관성모멘트	$\alpha = \frac{T}{I}$
토크(모멘트, 편심력)(Nm)	토크 = 관성모멘트 × 각가속도	$T = m\alpha$
토크(모멘트, 편심력)(Nm)	토크 = 힘 × 모멘트팔	$T = Fr$
각운동량(kg·m²/s)	각운동량 = 관성모멘트 × 각속도	$H = I\omega$
각충격량(Nms)	각충격량 = 토크 × 작용시간	$T_t = Tt$
각충격량(Nms)	각충격량 = 각운동량 변화량 = 마지막−처음 각운동량	$T_t = H_f - H_0$
구심력	구심력 = 질량 × 속도제곱 / 회전반경	mv^2/r
구심력	구심력 = 질량 × 회전반경 × 각속도제곱	$mr\omega^2$
접선가속도	접선가속도 = 회전반경 × 각가속도 곡선경로 이동하는 물체에 대한 선속도의 변화 [각속도의 변화가 있을 때($\omega \neq 0$)만 접선가속도 존재]	접선$a = r\alpha$
구심가속도	구심가속도 = 선속도제곱 / 회전반경 = 회전반경 × 각속도제곱 곡선경로 따라 이동하는 물체의 선속력 동일할 때 [운동방향 일정하게 변화]	구심 = $v^2/r = r\omega^2$
등속 원운동 기울기각	$\tan\theta$ = 선속도제곱 / 회전반경 × 중력가속도	$\tan\theta = v^2/rg$
일(J)	일 = 토크 × 각도	$W = T\theta$
파워(W)	파워 = 토크 × 각속도	$F = T\omega$
각운동에너지	운동에너지 = 1 / 2 × 관성모멘트 × 각속도제곱	

125 | 선운동과 각운동 관계

선속도		선속도 = 회전반경 × 각속도(주관절속도 < 손목관절속도)	$v = r\omega$
각속도		각속도 = 각변위 / 시간(주관절각속도 = 손목관절각속도)	$\omega = \dfrac{d}{t} = \dfrac{v}{r}$
선운동	관성	관성 = 질량	m
각운동		관성모멘트 = 질량 × 회전반경제곱	mr^2
선운동	운동량 (운동 중 관성)	선운동량 = 질량 × 속도	$P = mv$
각운동		각운동량 = 관성모멘트 × 각속도	$H = I\omega$
선운동	운동방정식	힘 = 질량 × 가속도	$F = ma$
각운동		토크 = 관성모멘트 × 각가속도	$T = I\alpha$
선운동	충격량	선충격량 = 충격력 × 작용시간 = 마지막 운동량 − 처음 운동량	선운동량의 변화량
각운동		각충격량 = 토크 × 작용시간 = 마지막 각운동량 − 처음 각운동량	각운동량의 변화량
운동량 보존의 법칙		$FT = M(v_f - v_0)$	
역학적 에너지 보존		$\dfrac{1}{2}mv^2 = mgh$	
충격량		운동량의 변화량	
일의 양		역학적 에너지의 변화량	

126 | 삼각함수

θ	0° (0 rad)	30° ($\dfrac{\pi}{6}$ rad)	45° ($\dfrac{\pi}{4}$ rad)	60° ($\dfrac{\pi}{3}$ rad)	90° ($\dfrac{\pi}{2}$ rad)
$\sin \theta$	0	$\dfrac{1}{2}$	$\dfrac{\sqrt{2}}{2}$	$\dfrac{\sqrt{3}}{2}$	1
$\cos \theta$	1	$\dfrac{\sqrt{3}}{2}$	$\dfrac{\sqrt{2}}{2}$	$\dfrac{1}{2}$	0
$\tan \theta$	0	$\dfrac{1}{\sqrt{3}}$	1	$\sqrt{3}$	∞

실전 전공체육

PART 6
운동생리학

CHAPTER 20 운동생리학의 기초

CHAPTER 21 운동생리학의 실제

Chapter 20
운동생리학의 기초

Theme 127 | 에너지대사

대사(metabolism)작용	동화작용 : 합성, 저장 이화작용 : 분해, 소모
5대 영양소	탄수화물 : 운동 시 필수 에너지원, 근육과 간에 글리코겐 형태로 저장, 식이섬유소의 성분 단백질 : 산-염기 평형 위한 완충제, 체조직의 성장 및 유지에 이용, 혈액 삼투압 유지 지방 : 세포막과 신경섬유의 필수 구성성분, 인체기관 보호, 체열보존. 중성지방(근육, 지방 등) 무기질 : 효소의 구성성분, 골격형성 관여, 신경 및 근육활동 보조 인체작용 조절 비타민 : 신진대사 조절에 필수, 필수아미노산 합성, 항산화 기능
에너지 전환 및 보존법칙	− 서로 다른 형태로 바뀔 수 있으며, 총량은 일정하게 보존된다. 위치에너지(동화) = 물체가 함유하고 있는 에너지의 양 운동에너지(이화) = 에너지가 물체에 작용하는 양
1) 일에너지의 측정	물체에 작용하는 운동에너지, 에너지가 소비된 결과. 일에너지 일 = 힘 × 변위 일률 = 일 / 시간
2) 열에너지의 측정	직접열량 측정 : 미토콘드리아 산화, 열에너지 측정 체임버 간접열량 측정(R) : 호흡가스 분석, 이산화탄소 배출량 / 산소 섭취량
− 일정 성분비 원칙	− 소비된 영양소와 O_2의 양은 CO_2, H_2O, ATP의 양과 비례 포도당 + $6O_2$ + $6CO_2$ + $6H_2O$ + 38ATP(유산소, 당분해) 지방산 + $23O_2$ + $16CO_2$ + $16H_2O$ + 130ATP(유산소, 베타산화과정)
에너지 연속체	간접열량 분석은 탄수화물 / 지방의 에너지기여 정보 제공 운동강도 따라 동원하는 에너지 공급체계가 다르다. − 에너지 공급체계는 ATP 생성속도와 생성량에 따라 3단계로 구분된다.
− 무산소 : 1) ATP-PCr 시스템(인원질)	5~30초 고강도, 매우 빠른 반응속도, 공액반응(짝반응), 0.7ATP 분당 칼로리 방출 제일 큼
− 무산소 : 2) 해당과정 시스템(젖산시스템)	수분 운동 지속, 운동강도, ATP와 젖산 생성, 탄수화물 이용 무산소성 해당과정 : 피루브산 + 2ATP − 젖산탈수소효소 → 젖산 유산소성 해당과정 : 피루브산 − 아세틸CoA − 미토콘드리아(크전)

- 유산소 : 3) 유산소 시스템(산화적 인산화)	피루브산-미토콘드리아(아세틸CoA-크랩스회로4-전자전달계34) → 38ATP CO_2 H_2O 지방 오직 유산소 시스템 통해서만 ATP 생성 가능, 2~4시간 크랩스회로(CO_2, 전자제거, H^+ 전달) / 전자전달계[H_2O^-(H^+와 결합)]
유산소 시스템과 무산소 시스템 효율성 비교	- 연료 1분자당 ATP 생산량은 지방이 많음. ATP : 지방>탄수화물 - 산소 1분자당 에너지 생성 효율성은 탄수화물>지방
효소	🎧 크인가젖리 ATP ase : ATP → ADP + Pi + E 크레아틴키나제 : ADP 농도 증가하면 촉진, ATP 높으면 제한 인산과당분해효소(PFK) : 당원분해, 해당과정 속도조절 가인산분해효소 : 근육 산성화, 해당과정 억제, 근력조절기전 젖산탈수소효소(LDH) : 피루브산 → 젖산(대사부산물) 리파아제(성 ⇔ 인) : 지질분해 촉진 효소 활동 증가 : 7~8 적정 pH, 다소 높은 체온, 준비운동 후, 운동 중
- ATP-PCr 시스템이 가장 빠르게 이용되는 이유	🎧 산복저 산소공급에 의존×, 복잡한 화학적 반응×, 근육수축기전 내 ATP와 PCr 직접저장
에너지 소비량과 칼로리	kcal/kg/h, 단위 잘보기, 맞추기, kcal로 체중감량 계산하기
- 유산소성 운동 중 순산소소비량	순산소소비량 = (항정상태 산소소비량-안정시 산소소비량)×운동시간
- 유산소성 운동 중 순에너지소비량	순에너지소비량 = 순산소소비량×5kcal/1,000ml(1L)
- 10MET 분당산소섭취량, 60kg 체중	10MET = 10×3.5ml/min/60kg

Theme 128 | 운동대사

산소결핍	운동 초기 산소섭취 지연, 대사적 관성, 운동 직후 몇 분 동안 산소섭취량과 항정상태의 산소섭취량의 차이 발생 훈련자는 항정상태 빠른 도달, 산소결핍구간 작음 (미마모, 심혈, 근, ATP 빨리 만듦)
- 운동 후 초과 산소소비량, 섭취량, 부채	빠른요소 : P산 (PC 재합성, 혈액과 근육 산소 저장) 느린요소 : 젖체에 (젖산제거, 체온 감소, 혈중 에피네프린 감소) 운동강도와 비례한다. (*T 후 최대강도-증가 / 최대하강도-감소)

- 운동 후 젖산 제거 형태	🎧 코근피 ① 코리사이클 : (근육)젖산 → 혈액 → 간(당신생) / → 혈액 → 근육, 10분 25%, 25분 50%, 1시간 15분 95% 젖산제거 ② 근육 산소공급되어 → NAD + 젖산에서 수소를 받아 NADH 형태 → 미토콘드리아 내 전자전달계 → ATP재합성, 젖산제거 ③ 젖산으로부터 피루브산 → 미토콘드리아 → 물과 이산화탄소로 분해
- 젖산순환(젖산셔틀)	운동 중 근육대사, 저강도 운동 중 지근과 심장에서 산화, 이용
운동 중 이용 에너지원 교차점(crossover point)	최대산소섭취량 30% 이하 : 지방 / 70% 이상 : 탄수화물 장시간, 저강도 운동 : 지방 이용 비율 증가 운동 초기 or 고강도 운동 : 탄수화물 이용 비율 증가
- 운동 강도증가에 따른 당대사 기전	① 에피네프린 증가 → 해당작용 활성화 ② 속근섬유 동원 증가(세포 내 칼슘증가)
- 운동 시간증가에 따른 지방대사 기전	① 낮은 강도 장시간 운동 → 혈중 에피네프린 증가 → 리파아제 활성화 → 지방분해 촉진 → 지방대사 활성화(베타산화과정) ② 젖산역치 수준, 중강도 운동강도에서 〈지방 산화 총량 증가〉 ③ 지방대사억제 : 높은 젖산 농도, 높은 인슐린 수준 〈인슐린〉 : 리파아제 효소활동 방해, 〈젖산 높은 농도〉 : 해당작용 억제, 지방대사 억제
- 호흡교환율(R)	= 이산화탄소 배출량 / 산소 섭취량 일정성분비원칙을 통해 비율분석, <u>주로 사용한 에너지원 분석</u> RQ 1.0 = 탄수화물(해당과정) / 0.7 = 지방(유산소) / 0.85 = 5 : 5
점증부하운동	최대산소섭취량 측정의 목적 측정변인 : 심박수, 운동자각도, 심전도, 혈압
- 최대산소섭취량의 정의	파워가 증가되어도 산소섭취량이 증가되지 않는 시점의 산소섭취량 최대산소섭취량(VO_{2max}) = 최대 심박출량 × 최대 동정맥산소차
- 최대산소섭취량 판단기준	🎧 고예호젖자 ① 운동강도 증가에도 산소섭취량 증가 없이 고원상태 보일 때 ② 운동강도 증가에도 심박수 증가 없이 예측최대심박수의 95% ③ 호흡교환율(R)이 1.15 이상 ④ 혈중젖산농도 8mmol/L 이상 ⑤ 보그 운동자각도 17 이상
- 젖산역치 정의	운동강도 증가함에 따라 혈중 젖산농도가 비직선적으로 증가하는 시점. 비훈련자 VO_{2max} 50~60% 지점
- 젖산역치 발생요인	🎧 근해속젖 근육의 낮은 산소량, 해당작용의 활성화, 속근섬유 사용, 젖산제거비율의 감소
탄수화물 고갈과 근피로	골격근 내 탄수화물 1~2시간 내 고갈 탄수화물 고갈 - 해당작용 속도감소 - 유산소 시스템 ATP 생성속도 저하 - 피로발생 - 근육운동 제한 트레이닝 후 : 동일 강도 운동 유산소 시스템, 지방대사에 더 의존, 탄수화물 절약효과, 글리코겐 절약, 운동 지속력 증가, 피로 개선

129 | 내분비계

내분비샘	호르몬	주요기능	표적기관	일시적 운동에 대한 반응	T 후 최대 하강도	T 후 최대 강도
뇌하수체 전엽	- 성장호르몬	- 간) 당신생합성 - 세포) 지방에너지 사용 증가, 탄수화물 사용 감소(혈당조절) - 단백질합성, 근비대	인체의 모든 세포	증가		
뇌하수체 후엽	- 항이뇨호르몬 (바소프레신)	- 신장의 수분 재흡수, 체액유지 - 혈압 상승	신장	↑ (60% VO_{2max})	↓	↑
갑상선	1) 티록신 2) 칼시토닌 (↔ 부갑상선)	티) 세포의 대사속도 증가, 심박수, 심장 수축력 증가 칼) 칼슘 뼈 안에 저장, 혈액의 칼슘이온 농도 감소 부) 뼈 칼슘 분해, 혈액 칼슘농도 증가	티) 인체의 모든 세포 칼) 뼈			
부신피질	1) 코티솔(당질코티코이드) 2) 알도스테론 (전해질코티코이드)	코) 탄단지 ATP 생산 조절, 항염증작용, 당질코티코이드 알) 수분과 혈장량 유지(신장 나트륨 재흡수, 칼륨 배설), 혈압 유지	코) 인체의 대부분 세포 알) 신장	↑	↓	↑
부신수질 (교감신경)	* 카테콜라민 1) 에피네프린 2) 노르에피네프린	- 심박수↑, 심장수축력↑, 산소소비량↑ - 간과 근육의 글리코겐, 지방조직 분해 촉진 - 활동근으로 혈액 증가(혈관확장), 비활동근 혈액 감소(혈관수축)	인체의 대부분 세포	↑(60~70% VO_{2max})	↓	↑
췌장 (교감신경)	α) 글루카곤(알파) β) 인슐린(베타)	글) 혈액 글루코스 증가(당으로 분해), 단백질/지질 분해 촉진 인) 혈중 글루코스 수준 감소, 글리코겐 합성, 지방합성, 단백질합성 (인슐린 민감도 향상(= 저항성 감소) 식사 후 상승된 혈당에 적은 인슐린으로 충분히 합성)	인체의 모든 세포	글)↑ 인) ↓ (감소: 교감신경에 의해)	글)↓ 인)↓(덜)	글)↑ 인)↓(더)
신장	- 레닌	- 혈압조절, 알도스테론 분비	부신피질			

0. 분비샘과 호르몬	🎧 전성 후항, 갑티칼 🎧 피코알 수에노 🎧 췌글인 신레
- 스트레스(운동자극)에 대한 부신호르몬 반응	느림: 시상하부 - 뇌하수체 - 부신피질(코알) 빠름: 시상하부 - <u>교감신경계</u> - 부신수질(에노) - 심박수 비례
- 하향조절	호르몬의 농도 지속적 증가 → 표적세포 호르몬 수용체수 감소 → 호르몬 민감성 감소 예시) 지속 운동 → 혈당 저하 → 중추 → 인슐린 (지속) 감소 → 간과 근육의 수용기 수 증가 → 인슐린 민감성 증가 → 저장 ○

1. 운동 중 탄수화물 대사	카테콜아민(에피네프린, 노르에피네프린), 글루카곤, 코티솔, 성장 호르몬 증가 ⇔ 인슐린 감소
2. 운동 중 지방대사	🎧 **카카코성** ⇔ 인 = 중성지방 가수분해 촉진, 지방조직 혈당유입 억제 중강도 심폐지구력 운동 유리지방산 사용량 증대, 저강도 장시간운동 : 카카코성 증가 ⇔ 인슐린 감소 → 리파아제 활성화 → 중성지방 분해
- 중성지방 사용 제한요인	① 높은 젖산 농도 : pH감소 - 해당작용, 리파아제, 지방분해 저하 ② 높은 인슐린 수치 : 운동 전 포도당 섭취, 포도당 증가 → 혈장 인슐린 농도 증가 → 유리지방산 동원 감소 → 〈근육의 부가적 근육 당원 이용〉 : 운동시작 1시간 이내 탄수화물 섭취 제한
3. 운동 중 수분과 전해질 균형	🎧 **후항신수, 레앤알나** ① 항이뇨 호르몬 : 땀 - 뇌하수체 후엽 - 항이뇨 호르몬(ADH) - 신장 수분 재흡수 ② 레앤알나 : 신장 레닌 - 앤지오텐신 간1-폐2 - 부신피질 '알도스테론' - 신장 나트륨 재흡수, 혈장량 증가, 혈압 증가
지구성 트레이닝과 효과 (내분비계의 적응)	최대하강도 : 호르몬 덜 씀, 인슐린도 덜 씀, 효율적 사용 최대강도 : 호르몬 더 씀, 인슐린 더 덜 씀, 최대 능력 향상 - 탄수화물 절약, 젖산 농도 감소, 지방 동원 증가, 근피로 지연

130 | 신경계

신경계의 특성	🎧 흥전통 흥분성 : 흥탈억과 / 시냅스 후 역치 넘으면 활동전위 발생 전달성 : 활동전위-아세틸콜린, 노르에피네프린 통합성 : 흥분성 억제성의 상호작용 - 가중(공간적·시간적 가중)
활동전위(신경세포의 흥분)	🎧 탈재과(+--)나칼칼 탈분극(+) : Na^+ 통로, 세포 안으로 유입 / 흥분성 시냅스 후 전위 재분극(-) : K^+-Na^+펌프, 안정막 전위만큼 K^+ 배출 과분극(-) : K^+ 더 유출 / 억제성 시냅스 후 전위(공간가중, 시간가중 후 탈분극으로 전환)
- 실무율의 법칙	🎧 시공 시간가중, 공간가중 후 역치이상에서 활동전위(탈분극) 생성 역치이상의 자극에 반응하여 근육이 수축하는 현상 연축 - 가중 - 강축 (운동신경 아세티콜린 방출 / 심장(노르))
중추신경계 - 대뇌 - 소뇌와 기저핵 - 간뇌 - 척수	대뇌 : 운동피질-알파운동신경, 연수-교차지배 빠소 : 소뇌는 빠른 움직임 느기 : 기저핵은 느린 움직임 간시 - 간뇌의 시상하부 : 자율신경계 최고중추, 내부환경조절 알파운동신경세포(골격근 수축) / 감마운동신경세포(근방추 조절) 상호억제 : 주동근 촉진, 길항근 억제 반사중추센터 : 신전반사, 굴곡반사, 교차신전반사
감각수용기	기계, 온도, 통각, 전자, 화학 - 척수로 정보 전송
근방추	길이, 속도 감지, 이완만 가능, 신전반사 길이변화정보 척수에 제공 - 알파운동신경 흥분 - 신전반사 유발 정적 스트레칭 : 근방추의 민감도 감소, 관절 가동범위 증가목적 동적 스트레칭 : 신전반사 유발, 상해 증가
골지건기관	근수축 시 장력 변화 감지하여 과도한 장력 발생으로 인한 근파열 위험 최소화하는 역할을 한다. 장력에 이완반사 / 저항성 트레이닝 하면 자가억제 증가
- 자가억제	골지건 자극 받으면 힘줄 긴장 증가, 이완반사 해버림 저항성 트레이닝을 하면 근육 이완에 자가억제하여 더 큰 힘을 낸다. (고유감각신경근 촉진법 : 등척성 스트레칭에 의한 정적 스트레칭, 골지건기관 활성 증가로 주동근 이완되어 유연성 증가한다.)
체성신경계(운동신경, 알파운동신경)	운동단위 : 하나의 운동신경에 연결된 근섬유들 ① 자극비율 : 속근 > 지근, 근섬유 수 / 하나의 운동신경 ② 크기의 원리 : 소근 → 대근, 작은 근육부터 큰 근육 동원 점차적 증가

자율신경계 – 교감/부교감신경계	🎧 교카(에피)/부아 신경섬유 굵을수록 전도속도 빠르다. 속근>지근 같은 강도, 상대적 운동강도 : 팔>다리
중추신경계 측면 트레이닝 후 발달	협응 형성 동작의 자동화 반응시간의 단축
말초신경계 측면 트레이닝 후 발달	운동단위 동원 수 증가 운동단위 동시 발화성(동원능력) 향상 근방추 민감도 감소, 골지건 자가억제 약화

Theme 131 | 근육의 구조와 기능

근섬유	근형질막 : 산–염기 평형 근형질세망 : 칼슘 저장, 방출(수축), 재흡수(이완) 근형질 : 근원섬유, 위성세포, 미토콘드리아, 글리코겐, 중성지방
– 근원섬유 내 근절 : 가는세사, 굵은세사	액틴(가는세사) : 트로포닌(칼슘결합), 트로포미오신(위치변화) 미오신(굵은세사) : 머리 ATP 분리 수축, 가교형성, 수축
– 위성세포	– 근비대 기전, 부상회복 운동으로 유발된 외상이나 부상으로부터 회복하거나, 근육이 성장하고 발달하는 데 기여한다.
근세사활주설	🎧 안자수재이
1) 안정 단계	근형질세망에 칼슘 저장. 액틴과 미오신 결합×
2) 자극–결합 단계	🎧 신칼십 운동 <u>신경자극</u> 발생, 아세틸콜린 분비 – T(가로)세관 활동전위 전달 – 근형질 세망 <u>칼슘 방출</u> – 칼슘 액틴의 트로포닌과 결합 – 액틴 결합부위 막고 있는 트로포미오신 위치 변화 – 액틴과 미오신 <u>액토미오신 십자형가교 형성</u>
3) 수축 단계	*AE액미 액토미오신 <u>ATP-ase 활성화</u> – ADP+Pi+<u>에너지(E) 방출</u> – <u>액틴이 미오신</u> 안으로 미끄러져 들어가며 <u>근절 수축</u>, 장력 발생
4) 재충전 단계	ATP 재충전, 액토미오신 분리
5) 이완 단계	신경자극 중지, 칼슘 근형질세망에 저장, 칼슘제거, 근육 이완

132. 운동과 근골격계의 반응

1. 근섬유의 형태와 특성	속근섬유 (=백근섬유)	운동신경 크기, 신경역치, 신경전도속도, 근형질세망(Ca⁺), ATP-ase 활동성, 힘생성 PC저장량, 글리코겐 저장량, 해당작용 효소, 무산소, 빠른 수축이완 속도, 탄성도	Ⅱx Ⅱb Ⅱa
	지근섬유 (=적근섬유)	미마모(미 밀도, 마 함량, 모 밀도), 근육효율, 피로내성, 〈중성지방저장량〉, 유산소	Ⅰ
– 근섬유 분류 기준	에너지 저장량, 흥분역치, 수축속도 장력, 속도, 대사, 구조		
운동단위의 정의와 근섬유의 동원	근력조절, 피로의 단계적 발생, 트레이닝의 효과 운동단위 : 하나의 운동신경에 지배받는 모든 근섬유		
1) 순차적 동원의 원리	운동강도가 점차 강해짐에 따라 더 많은 힘이 요구된다. TypeⅠ → Ⅱa → Ⅱx 순서대로 더 많은 운동단위가 동원된다.		
2) 크기의 원리	최대하운동강도에서 TypeⅠ고갈 → Ⅱa 고갈 →Ⅱx 동원 피로의 단계적 발생 설명, 단시간 고강도에서는 예외 발생		
3) 운동단위 동시 동원 현상	저항성 트레이닝의 초기 근력증가는 운동단위 동시발화성과 동원능력의 향상과 같은 신경계 기능 향상 효과에 기인		
2. 근수축의 형태	형태 : 등장성, 등척성, 등속성 / 특성 : 단축성, 신장성 수축		
– 등장성 운동(동적수축)	단축성 수축	중력극복 O, 근길이 감소하면서 장력 발휘	
	신장성 수축	중력극복 ×, 근길이 증가하면서 장력 발휘 부상과 근 염증의 주된 원인	
– 등척성 근수축 운동 (정적수축)	자세 유지, 근길이 관절각도 일정, 장력 변화 지속운동 시 장력 감소 이유 : 근펌프 작용×, 정맥환류량 감소, 1회 박출량 감소, 장력 감소 주동근과 길항근(부상방지, 관절안정화) 동시에 같은 힘 발휘		
– 등속성 근수축 운동	관절 전 운동범위 속도 동일, 동일 속도, 싸이벡스 전운동범위에서 정해진 속도로 최대단축성, 최대신장성 수축 가능		
근력 조절기전 / 결정요인	🎧 형크수, 형초각속, 사자골 운동단위의 형태, 크기, 수 : TypeⅡ>TypeⅠ 근섬유의 형태, 초기길이, 각도, 속도 : 속근>지근, 근섬유과 관절각도의 적정 길이에서 가장 많은 십자형가교로 더 강한 힘 발휘(수축공간 부족 or 십자형가교 형성×), 단축성 수축(느리게), 신장성 수축(빠르게) 사전 신장성, 등척성 수축 신장-단축 사이클 이용 : ① 신장성 반사근 수축, ② 근육과 건의 탄성요소 활성화(반대방향 움직임 포함) 짧은 시간 폭발적 파워 ③ 탄성에너지 저장해서 에너지 효율적 활용 신경계의 자극빈도 : 연축 → 가중 → 강축, 운동단위 동원 비율 증가 골지건 기관에 의한 자가억제 약화		

- 힘-속도 관계	속근섬유>지근섬유 단축성 수축 : 속도와 힘 반비례 신장성 수축 : 속도와 힘 비례
- 파워-속도 관계	속근섬유의 파워>지근섬유의 파워 최대파워를 이끌어내는 적절한 운동속도가 있다.
- 근수축 속도조절 기전	🎧 칼ase 근형질세망의 칼슘방출, ATP-ase의 활동성
근비대 기전	형태 : 원수모결 / 근비대-근증식 / 기능 : 근수축력 증가 ① 근원섬유의 수 크기 증가 : 초과회복의 원리, 근육단백질 순합성 증가 ② 액틴 미오신 수축단백질의 수 증가 ③ 모세혈관의 밀도 증가 ④ 결체조직의 강도와 유연성 증가(관절수용기 : 건, 인대, 골막)
유산소 운동에 의한 근육의 적응	🎧 미마모 Ⅰ산 ① 근섬유 형태의 적응 : Type 1섬유의 비율 증가 ② 모세혈관 밀도의 증가 : 동정맥산소차, 최대산소섭취량↑ ③ 마이오글로빈 함유량 증가 : 지근이 적근인 이유 ④ 미토콘드리아의 수와 크기 증가 : 더 많은 ATP생산 ⑤ 산화효소활성도 증가 : 지방산 활동 증대

Theme 133 | 근손상과 근피로, 근통증

근피로	근육이 더 이상 수축 지속하지 못하고 근력 발휘 감소 신경연접 - 아세틸콜린 방출의 감소 수축기전 - ATP-pc의 부족, 젖산축적에 의한 칼슘트로포닌 결합력 감소, 근글리코겐의 고갈 중추신경계 - 수축피로 근육의 작업수행 감소시킴
- 운동형태에 따른 근피로 원인	100m - 크레아틴 인산(pc) 고갈 400m - 젖산 축적, 수소이온 농도 증가 마라톤 - 근글리코겐 고갈, 칼슘분비감소로 근의 힘 생성 감소
지연성근통증(DOMS)	과한 신장성 수축으로 구조적 손상, 24~48시간에 가장 심한 통증 구염 / 물흥단 / 구세칼단염부 / 정준
- 지연성 근통증 설명 1	🎧 구염 구조적 손상 : 근육 내 결체적 조직, 근 단백질 염증성 반응 : 호중성 백혈구, 사이토카인, 히스타민 유리
- 지연성 근통증과 경기력, 힘 생성능력 감소	🎧 물흥단 근육의 물리적 파괴, 흥분-수축 과정의 어려움, 수축단백질 손실

- 지연성 근통증 설명 2	🎧 구세칼단염부 ① 격렬한 근수축, 신장성 수축으로 근섬유 구조적 손상 ② 근형질세망의 막 및 세포막 손상 ③ 근형질세망의 칼슘 누출, 미토콘드리아의 ATP 생산방해 ④ 칼슘의 축적이 프로타아제 활성, 세포내 수축단백질 손상 ⑤ 자유유리기의 증가로 염증반응 ⑥ 근섬유 부종과 히스타민의 증가, 근통증 발생
- 지연성 근통증의 예방 및 치료	🎧 정준 정적스트레칭, (본운동보다 낮은 강도의) 준비운동
근경련, 근경질, 쥐, 급성 근통증 (경련성 불수의근 수축, 비정상적 척수반사)	① 전해질 고갈 및 탈수 이론 – 나트륨 및 수분섭취 ② 교체된 근신경 제어 이론 : 근피로로 인한 근방추 활동증가와 골지건 기관의 활동감소로 척수의 비정상적 척수반사 유발 – 수동적 스트레칭(역신전반사 유발, 골지건 기관 활성화 척수운동신경 억제 및 근이완) ③ 운동 전·중·후 해당 근육으로 혈액이 불충분하게 공급되는 허혈

Theme 134 | 호흡계

호흡계의 기능	pH조절 : 산소와 이산화탄소 가스교환, 인체 항상성 유지
- 호흡가스 교환 4단계	🎧 환외운내 폐환기 – 외호흡(폐내호흡) – 호흡가스운반 – 내호흡(세포, 조직호흡)
- 호흡운동	🎧 외횡(흉) 흡기(들숨) – 외늑간극, 횡격막 수축(운동 시+흉쇄유돌근) 호기(날숨) – 안정 시 수동적 이완(운동 시+복근 수축)
- 흡기 시 호흡작용	흡기로 외늑간근 수축-횡격막 수축, 흉곽 내부 <u>압력 낮아져</u> 산소 유입 호기로 흉곽 내부 압력 외부보다 높아져 폐속 공기 밖으로 배출 이를 통해 복강의 압력을 변화시켜 심장으로 향하는 정맥혈 회귀량 증가시키는 것을 호흡펌프라고 한다.
폐용적	① 1회 호흡량 = 안정 상태 흡기 or 호기량 500ml ② 흡기 예비용적 = 흡기량 이상 추가되는 흡기량 3,000ml ③ 호기 예비용적 = 호기량 이상 추가되는 호기량 1,200ml ④ 잔기량 = 최대 호기 후 폐의 잔여 가스량 1,200ml
폐용량	① 흡기량 = 1회 호흡량 + 흡기 예비용적 ② 기능적 잔기량 = 호기 예비용적 + 잔기용적 2,400ml ③ 폐활량 = 1회 호흡량 + 흡기 예비용적 + 호기 예비용적 4,800ml 　폐활량 = <u>완전호기 후 최대흡기량, 잔기용적을 제외한 나머지 호흡량</u> ④ 총폐용량 = 폐활량 + 잔기용적 6,000ml

강제호기량	1초 강제호기량 = 1초간 호기하는 양 3초 강제호기량 = 3초간 호기하는 양 강제호기량 비율 = 폐기능 측정, 1초-85%, 3초-92%
분당환기량	분당환기량 = 분당 폐포환기량 + 분당 사강환기량 = (1회 호흡량×분당 호흡수) = (폐포량 + 사강량)×분당 호흡수 = (폐포량/1회 − 사강량/1회)×호흡수/분
폐포환기와 사강환기	폐포환기량 = 분당환기량 − 사강환기량 사강환기량 = 분당환기량 − 폐포환기량
호흡수와 폐포환기량	분당환기량 동일해도, 호흡의 깊이에 따라 산소공급량 차이난다. 호흡수가 많아질수록, 얕은 호흡 사강환기량 많아짐 깊은 호흡으로 사강환기량 최소화하여 폐포환기량 높임

Theme 135 | 가스의 운반

가스의 확산 법칙 (Fick's law of diffusion)	가스의 운반율 = 조직의 면적×두 조직의 분압차×가스의 확산계수 / 조직의 두께 조직의 두께가 커지면 확산에 방해가 된다.
− 동정맥산소차	= 근육세포의 산소이용능력
산소의 운반 (산화-헤모글로빈 곡선)	🎧 혈산 혈액 내 용해된 산소 산화 헤모글로빈(HbO) : 산소 + 헤모(↔ 환원헤모글로빈Hb, 탈산소)
− 산소-헤모글로빈 해리곡 선의 우측 이동, 보어효과	🎧 온이p : 신체온도↑, 이산화탄소분압↑, pH↓ 보어효과 : 산소분압 변화 없이도 더 많은 산소를 조직에 공급 안정 시 : 헤모글로빈 산소포화도 큼, 동정맥산소차 적음 운동 시 : 우측. 헤모글로빈 산소포화도 적어짐, 동정맥산소차 큼
− 2-3DPG, 고지대에서의 산소해리곡선	고지대 & 빈혈 : 헤모글로빈 산소친화력 하락, 산소해리곡선 우측 이동, 산소조직에서 더 이용
− 마이오글로빈과 헤모글 로빈의 해리곡선	마이오글로빈의 산소친화도가 헤모글로빈보다 높다. 운동 초기 마이오글로빈의 산소로 근육에 산소 우선 제공 그 사이 심폐계에서 공기로부터 산소 운반 및 보충 운동 마친 후 초과산소섭취량의 빠른 요소로 작용, 산소 보충
이산화탄소의 운반	🎧 혈중카 혈액 내 용해된 이산화탄소 : 7% 중탄산염 형태 (HCO_3) : 70% 카바미노 화합물(Hb) : 23% 이산화탄소 + 헤모글로빈 결합

Theme 136 운동과 호흡계의 반응, 환기량의 변화 🎧 대고화(이수+칼카)/고화

운동 전 환기량 증가	대뇌피질의 수의적 활성화 뇌의 호흡중추 활성화로 환기량 증가 선행, 운동에 대한 예상
운동 초기 환기량 증가	고유감각적 피드백(관절수용체) 근육으로부터 신경자극 증가
운동 중 환기량 조절	화학수용체(이수+칼카) 최대하운동 - 항정상태 : 이산화탄소 농도, 수소이온 농도 최대운동 : 이산화 + 수소이온 + 칼륨과 카테콜라민의 농도 증가
운동 후 환기량 감소	종료 직후 : 고유감각적 피드백(관절수용체)의 신경자극 중단 직후 이후 : 화학적 조절인자 안정상태 복귀, 과환기 발생
- 무산소성 역치, 환기 역치, 젖산 역치, 젖산 축적 시기	운동강도와 비례하여 운동 시 환기량 비례하여 증가하다가 특정수준에서 분당 환기량, 이산화탄소 생성량이 급격하게 증가하는 시점의 운동강도, 유산소성 운동능력 지표
- 산소섭취량과 최대하/ 최대강도운동	산소섭취량 증가하다가 고원상태 산소섭취량 증가하여 항정상태
- 호흡보상점	점증부하운동 중 환기역치 이후 환기량 한 번 더 증가하는 현상 수소이온농도 급격하게 증가하는 것을 억제
발살바조작	원인 : 성문 닫기, 복강내압 증가, 흉강 내압 증가 결과 : 정맥환류 제한, 혈압 상승, 심장으로 되돌아가는 혈액량 감소, 심박출량 감소
사점	결과 : 운동개시 초기 고통스러운 증상 원인 : 근혈류량 충족 위한 심장의 부담, 호흡성, 대사성 산성증 증가
세컨드 윈드	결과 : 사점의 고통이 사라짐 원인 : 근혈류량 충족, 호흡성 대사성 산성증 감소, 근육의 통증 소멸
트레이닝 후 호흡계의 적응	호흡수 감소 동정맥산소차 증가 심박출량 증가, 폐포 표면적 증가, 확산저항의 감소

Theme 137 | 순환계

심장의 구조	우심방 – 우심실 좌심방 – 좌심실 방실판막 : 삼첨판, 이첨판 : 혈액의 역류 방지
– 심근 전도체계	🎧 동방다퍼 동방결절 – 방실결절 – 방실다발 – 퍼킨제(푸르키네)섬유 → 심실연동
– 심전도	P파 : 심방 탈분극 <u>QRS 복합파</u> : 심실 탈분극, 심실 수축 T파 : 심실 재분극 RR간격 : 운동 시, 분당 심박수 많을 때 짧아짐 PR간격, QT간격
혈관과 혈액의 구조	혈관 : 동맥, 정맥 → 운반, 교환 혈액성분 : 적혈구(산소운반, 산-염기 완충제, 에리트로포이에틴), 백혈구, 혈장, 혈소판(지혈기전)
– 체순환	좌심실 → 대동맥 → 소동맥 → 모세혈관 → 근육, 기관, 조직 → 모세혈관 → 소정맥 → 대정맥 → 우심방 → 폐순환
– 폐순환	우심실 → 폐동맥 → 폐(폐포) → 폐정맥 → 좌심방 → 체순환

Theme 138 | 운동과 심장의 반응

최대산소섭취량 (= Fick 원리, Fick 공식)	= 최대심박출량 × 최대동정맥산소차 = 1회박 × 심박수 × 최대동정 (산소운반능력 × 산소이용능력)
– 최대심박출량	= <u>1회 박출량</u> × 심박수 계속 증가 ×, 한계 있음
– 1회 박출량 영향 요인	40~60%, 최대에서 정체 ① 이완기 말 혈액량 (정맥혈 회귀량 : 정호근 + 심실 용적, 혈장량, 보충시간) ② 심실 수축력 ③ 평균동맥혈압(총 말초저항, 수축기 말 혈액량) = 후부하
– 프랭크 스탈링 법칙	이완기 말 혈액량(정맥혈 회귀량) 증가할수록 심실수축력 강해진다.
– 정맥혈 회귀량(이완기 말 혈액량) 증가 기전	🎧 정호근 정맥수축 : 교감신경작용 호흡펌프 : 호흡 시 복강내압과 흉강압의 압력 차이로 심장에 혈액 유입 근육펌프 : 골격근 수축, 정맥 압박, 혈액 심장쪽으로 밀어올림

안정시 심박수	일반인 : 60~80회/분 운동선수 : 30~40회/분
운동 중 심박수	🎧 교 / 관부 / 교
- 운동 직전 심박수 증가	예상반응 : 교감신경계(카테콜라민) 분비로 심박수 증가
- 운동 초기 심박수 조절기전	관절수용체로부터 자극 전달 부교감신경의 억제로 심박수 증가
- 운동강도 증가 중 심박수 조절기전	교감신경의 자극 증가 : 노르에피네프린 방출 : 심장 베타수용기 심박수와 심근수축력 증가
- 최대 운동 심박수	운동강도 증가에 비례하면서 최대운동 강도 도달까지 증가
- 최대하 운동 중 심박수	운동강도 일정하게 유지하면, 초기에 빠르게 증가하다가 일정수준에 머문다.
- 심혈관 유동 : 장시간 운동, 고온 운동	= 심박출량 일정한 수준에서 유지된다(1회 박출량 감소, 심박수 증가). 체온증가, 피부로 보내는 혈류량 증가, 탈수에 의한 혈장량 감소 → 정맥혈 회귀량, 1회 박출량 감소 → 심박수 증가 → 심박출량 유지
최대 심박수	220 - 나이(회/분)
예비 심박수	최대심박수 - 안정 시 심박수(회/분)
목표 심박수(카보넨 공식)	= 예비심박수 × 목표강도 + 안정 시 심박수 {(220 - 나이) - 안정심박수} × 운동강도 + 안정심박수 {(220 - 15) - 70} × 0.6 + 70가 = 151회/분, 60% 운동강도, 항정상태 운동 중

Theme 139 | 운동과 혈관, 혈류의 반응

정맥혈 재배분 개념	운동 → 정맥 교감신경 자극 → 혈관 수축 → 혈액 심장으로 공급 : 정맥 교감신경 자극 증가 → 심실 이완기 말 혈액량 증가
혈류 재분배 개념	① 운동 → 골격근 수축 → 대사물질(혈관확장제) 분비 → 심박출량 증가 + 근육 내 동맥 확장 → 근육 혈류량 증가, 심실수축기 말 혈액량 감소 ② 운동(심근산소요구량 증가), 심박출량 증가 → 활동근 혈관 확장(소동맥, 모세혈관) → 활동근 혈류 증가, 비활동근 혈관 수축(소동맥, 모세혈관) → 비활동근 혈류 감소
1) 근육혈류 : 내인성 조절 (국소조절현상)	🎧 자능반(운동 시 혈관이완물질 : 이산화탄소, 젖산 & 칼륨) 자동조절 : 혈류 일정하게 유지 능동성 충혈 : 혈류 대사산물에 비례하여 충혈(CO_2, K^+, H^+, 젖산) 반응성 충혈 : 혈류 감소에 반응하여 증가된 혈류

2) 외인성, 신경성 조절 (국소조절현상)	교감신경 작용 : 비활동근의 평활근 자극 증가, 혈류 감소 에피네프린 알파수용체(피부, 골격근 수축). 베타수용체(골격근 이완)
- 뇌혈류 : 뇌순환 혈관 확장제	이산화탄소(수소이온)분압 증가 뇌동맥의 혈관 확장 유발 (관상혈류 : 저산소증, 아데노신이 혈관확장 유발, 능동성 충혈)
운동 중 증가된 골격근의 산소요구량 충족	심박수 증가, 심근수축력 증가, 골격근의 소(세)동맥 저항 감소 — 심장 환류하는 정맥혈액량 증가 — 동맥과 정맥혈의 산소분압 차이 증가(동정맥산소차 증가) — 비활동근 모세혈관 지배하는 교감신경계 활성도 증가
혈류 역학	혈류 = 압력차 / 저항 = 혈류생성추진력 / 혈류장애물(길이, 점도, 직경) 예) 저항증가 = 혈관수축 = 혈류속도 빠름 / 저항감소 = 혈관이완 = 혈류 느림 모세혈관의 밀도 증가 = 혈류 느려짐
- 혈류 저항(포세이레법칙)	혈류저항 = 혈관길이 × 혈액점도 × 혈관반지름^4 운동 시 혈류량 증가 위해 혈압 상승하면, 혈류저항 감소시켜 동적 항정상태 이루려 한다.
- 저항혈관 = 말초 저항	소동맥 = 가장 큰 혈관저항 나타나는 지점 = 혈류 빠름 운동 중 활동근에서는 저항 감소, 비활동근 저항 증가 (모세혈관 = 가장 적은 혈관저항 = 혈류 느림 : 산소추출 잘함)
평균동맥혈압 1	= 최대심박출량 × 총말초저항
평균동맥혈압 2	= 이완기 혈압 + 1/3(수축기 - 이완기 혈압 : 맥압)
- 동맥혈압 상승 영향 요인	🎧 심1말량점 심박수 × 1회 박출량 증가 : 혈액의 온도 증가 말초저항의 증가 : 길이 × 점도 / 반지름^4 혈액량 증가 혈액의 점도 증가
- 동적 운동 시 근육 크기에 따른 혈압	소근육운동(팔)이 대근육운동(다리)보다 혈압, 심박수, 말초혈관저항 더 상승 (활동근 vs 비활동근 양 차이) 소근육운동의 혈류저항 감소폭이 대근육운동보다 적기 때문
- 심근산소요구량	심박수 × 수축기 혈압 : 트레이닝 후 혈압 감소, 에너지대사적 효율 증가 팔운동 > 다리운동
- 운동 종료 직후 혈압 저하	운동 종료와 동시에 근육펌프 중단은 혈압저하, 정맥혈 회귀량 저하, 심박출량 감소 야기 : 뇌빈혈 유발. 가벼운 운동 지속, 운동성회복 필요
산-염기 조절에 관여하는 완충계	화학적 완충작용 : 중탄산염 @ 세포내(근육 - 1차), 세포외(혈액 - 2차) 호흡보상(2차 방어선) : 대사성 산증에 대한 호흡성 알칼리증
- 고강도 운동 중 산염기 조절	🎧 세(인중단)/혈(헤중단)호(이탄제거) 1차 방어선 세포내(근) - 인산기, 중탄산염, 단백질 2차 방어선 : 혈액 완충제 - 헤모글로빈, 중탄산염, 혈액단백질 2차 방어선 호흡보상 - 이산화탄소, 탄산 제거 + 신장
- 근산성화와 운동	🎧 A근 ATP 생산관여 효소 억제로 ATP생산능력 감소 수소이온이 칼슘이온과 트로포닌 부착 경쟁, 근수축 방해

Chapter 21
운동생리학의 실제

Theme 140 | 지구성 트레이닝 적응 후 최대하강도운동

에너지대사계	지방산화 증가, 글리코겐 절약, 젖산축적 감소, 젖산역치 지연
내분비계	운동 중 교감신경 자극 감소, 부교감신경 활성도 증가 심박수 혈압 근육수축 감소 심장의 산소소비 감소
신경계	운동 중 교감신경 자극 감소, 부교감신경 활성도 증가 운동성 서맥, 동방결절률 감소, 심박수 감소
근육계	미마모 I 산 미마모＋Type I (지근) 선택적 비대, 산화효소, 동정맥산소차 증가, 지방저장량 증가, 지방산화 증가
순환계	심장비대, 부교감신경계 활성도 증가로 심박수 감소, 〈평균동맥압 감소로 1회 박출량 증가〉, 혈장량(헤모글로빈) 증가, 미마모 증가로 심근산소요구량 감소, 〈모세혈관 밀도 증가로 혈류 느려짐〉, 수축기 / 이완기 혈압 감소
- 스포츠심장	동일강도에서 낮은 심박수, 최대강도에서 더 많은 산소섭취량 지구성 트레이닝 → 심실 용적 증가, 1회 박출량 증가 저항성 트레이닝 → 심근 두께 증가, 좌심실 수축력 증가
- 최대하강도 운동 시 순환계	심박수 감소, 평균동맥압 감소로 1회 박출량 증가 글리코겐 절약, 골격근 모세혈관 밀도 증가, 산소섭취량 증가 활동근당 혈류량 감소(동정맥산소차 증가) 젖산역치 지연, 지방산 산화 증가, 산소결핍구간 적음
- 운동성 서맥의 원인	반복적 운동으로 절대 동일강도 운동에서 부교감신경 활성도 증가

Theme 141 | 지구성 트레이닝 적응 후 최대강도 운동

에너지대사계	운동 후 혈중 젖산축적 농도 증가
근육계	운동 후 혈중 젖산축적 농도 증가
순환계	최대산소섭취량(산소운반능력 × 산소이용능력) 증가, 젖산생성량 증가, 심박출량 증가, 단위활동근당 혈류량 무변(전체는 증가) 총 혈액량 증가(조혈촉진인자)

Theme 142 | 환경과 운동

열환경	간뇌 시상하부 = 체온조절중추 / cf) 연수 = 호흡중추, 교차지배 열손실 : 땀이 증발하면서 열이 제거되는 것
체온조절	증발 : 수중기압 차이로 열의 이동 / 복사, 전도, 대류 : 온도 차이 운동 → 체온 상승 → 피부 땀분비 → 피부와 공기의 수중기압 차이로 열 증발 상대습도 높은 날 증발×
고온환경에서 생리적 반응	 **심활글젖항** 심박출량 일정 : 심혈관유동(1회 박출량 감소 / 심박수 증가) 활동근 혈류량 감소 : 활동근 피부 혈류경쟁, 심박수 증가, 지구력 감소 글리코겐 이용 증가 : 젖산생성 증가 → 항정상태 도달 불가 뇌하수체 후엽 자극, 항이뇨 호르몬 분비 증가
– 열순응	감소 : 피부혈류, 발한역치, 발한시점 단축, 땀의 Na^+ 증가 : 발한율, 발한반응, 혈장량, 〈열충격단백질〉 생산
– 열질환	열경련 열탈진 열사병 : 체온조절기전이 작동하지 못하는 상태, 응급처치 필요, 지나친 체온 증가, 체온이 40도 이상 위험수준 초과, 구급차
저온환경에서의 생리적 반응	피부혈관 수축으로 피부혈류 감소, 불수의적 떨림 발생 심부온도 저하, 심박수 저하, 최대심박출량 저하, 최대산소섭취량 저하 근육수축 속도와 파워 저하, 신경전달 비율 감소 동상 : 신체말단 혈류감소, 피부 혈액순환 감소, 조직 괴사
– 저온 순응	오한 시작 온도 감소 : 시작되는 평균 피부온도 감소, 열생성능력 증가 손과 발 체온 유지 : 말초혈관 확장으로 손과 발 혈류 증가

고지환경에서의 생리적 반응	🎧 헤폐최 ① 헤모글로빈 산소포화도 감소 ② 폐환기량 증가(과호흡 유발), (당대사), 수분손실 및 땀증발 증가 ③ 최대산소섭취량 감소, 최대심박수 감소, 심박출량 감소 고도가 높아질수록 산소분압과 기온 감소, 폐 산소분압 낮아짐
– 고지환경 순응(10일)	① 과호흡 감소 ② 최대심박수 감소, 심박출량 감소 ③ 적혈구수 증가, 혈중 헤모글로빈 농도 증가, 혈장량 평지 수준 ④ 미마모 산 증가, ATP생산능력 증가
– 저산소 상태에서 적혈구 생성량 증가 호르몬	에리트로포이에틴(erythropoietin)
수중환경에서의 생리적 반응과 순응	수중에서 기압이 증가, 정맥환류량 증가, 심박출량 증가, 호흡근 단련, 안정 시 심박수 감소, 재활트레이닝에 효과적

Theme 143 | 체력의 측정과 평가

건강관련 체력검사	🎧 심근근유신 심폐지구력 : 운동에 필요한 산소, 에너지 공급하는 심혈관계 능력 근력 : 근육이 최대로 수축할 때 발생하는 힘 = 1RM 근지구력 : 운동수행 지속, 근력발휘 반복하는 능력 유연성 : 인체의 각 관절이 움직일 수 있는 범위 신체구성 : 신체에서 지방의 비율, 제지방 높이기
운동관련 체력검사	🎧 평민협순스 평형성, 민첩성(신체일부나 전체 빠르게 움직, 방향 전환), 협응력, 순발력(50m, 제자리멀리뛰기), 스피드
학생건강 체력검사 필수평가	🎧 심근유순체 심폐지구력, 근력근지구력, 유연성, 순발력(50m, 제자리 멀리뛰기), 체지방
학생건강 체력검사 선택평가	🎧 심비자학 심폐지구력 정밀평가, 비만평가, 자기신체평가, 학생자세평가

Theme 144 | 트레이닝 / 운동처방

준비운동	근육 온도상승, 탄성증가, 혈류 증가, 대사작용 촉진 : 상해위험 최소화 효소활성도 증가 : 산소이용능력 증가, 젖산역치 지연, 피로지연
정리운동	🎧 정심혈현젖 정맥혈 회귀량 급격한 감소 방지, 심박출량 저하 예방(근육펌프) 혈압 급격한 저하 방지, 현기증 유발 감소 젖산 농도 제거율 증가
운동처방의 원리	🎧 과점특개 다전가의 과부하의 원리 : 일상생활을 하는 중에 받는 자극보다 더 강한 자극 점증부하(점진성)의 원리 : 운동의 질과 양 늘려가기, 과부하의 원리 특이성의 원리 : 트레이닝의 효과 신체 일부 계통에 한정되어 나타난다. 개별성의 원리 : 개인에 건강, 체력에 맞게 계획과 실천 개별 처방한다. 다양성의 원리 : 트레이닝에 다양한 변화로 슬럼프, 지루함 방지 전면성의 원리 : 신체를 고르게 발달시켜야 한다. 가역성의 원리 : 운동 실시한 후 중단하면 향상된 체력 원상태로 감소 의식성의 원리 : 능동적, 의욕적, 자발적 참여, 협력, 성과를 높인다. + 초과보상의 원리, 주기화의 원리
- 과부하의 원리에서 운동처방 범위	① 안전한계 = 위험성 수반할 수 있는 높은 운동강도 운동처방의 범위 ② 유효한계 = 운동효과 볼 수 없는 낮은 운동강도
- 과훈련 증후군	운동수행력 감소, 집중력 감소, 만성 피로, 체중 감소
건강증진혜택	초기체력수준에 반비례하여 나타난다. 운동시작단계(선호고려) / 향상단계(빠름-느림) / 유지단계(유지전략)
운동처방의 기본 요소(정의)	질적요소 🎧 형강 양적요소 🎧 시빈기 운동시간(정해진 운동형태, 강도, 운동 1회 지속 얼마나 시간), 운동빈도(정해진 운동형태, 강도, 시간 일주일 몇 회 할 것인가)
- 운동처방 프로그램 구성	운동형태 : 저항성, 유산소성 트레이닝 운동강도 : 무게, 1RM, 심박수 질적 -- 운동시간 : 반복횟수, 세트수, 운동거리, 운동시간 양적 운동빈도 : 일주일간 운동 일수 운동기간 : 3~6개월
트레이닝의 주기화	작은 단위의 기간으로 트레이닝 프로그램 세분화, 수행력 향상 일반적 적응 증후군 이론 : 경고 - 저항(적응, 과보상) - 탈진 국면별 트레이닝 : 조직적응기 - 근비대기 - 최대근력기 - 파워전환기 - 유지기(시합) - 전이기(회복) 트레이닝 트레이닝 사이클 : 장 - 중 - 단주기(주간, 일일) 훈련계획

심폐기능검사	%VO$_{2max}$, %HRmax, MET, R, RPE, km/hr, 혈중 젖산농도
- 저항성 트레이닝	골지건 기관 자가억제 약화, 근비대, 근증식
- 플라이오메트릭	근육의 신장성 반사근 수축, 근육의 파워 발휘 향상 근육과 건의 탄성요소 활성화할 수 있는 반대방향으로의 움직임을 포함함으로써 짧은 시간 동안 폭발적인 파워를 발휘 주동근 신장성 수축 후 단축성 수축 신경근육계통 기능향상 예 도약, 점프, 빠른 자세변화 * 신전-단축 주기 : 탄E, 효율높다, 보빈도 에너지 소비 줄여줌
- 파트렉	스피드 플레이 자연지형 달리면서 스스로 페이스 조절, 자유롭게 실시
- 인터벌 트레이닝	부하기와 면하기의 강도, 시간, 반복횟수
운동량과 반응곡선	파워법칙, 부적가속곡선
유연성	관절이 자유롭게 움직일 수 있는 가동범위 동적 스트레칭 : 점진적으로 움직임 가동범위와 스피드 증가, 위험 정적 스트레칭 : 능동적, 수동적, 근방추민감도 감소 고유감각 신경근 촉진법(PNK) : 주동근의 등척성 수축으로 골지건 기관 반사 촉진, 주동근 이완과 길항근 수축을 유도한다.

Theme 145 | 대사성질환을 위한 운동처방 신체구성, 체중조절, 비만

목표체중의 결정	목표체중 = 제지방체중 / 1 − 목표 체지방률
비만도측정방법	수중체중측정법 : 밀도이용, 신체부피 = 대기중체중−수중체중(밀어낸 물부피) 신체질량지수 : BMI = kg/m^2 생체전기저항분석법 피부두겹법
체중조절	에너지섭취량과 에너지소비량 비만 예방 및 해소 방법
1) 고혈압	일차성 고혈압 : 운동하기 / 심박출량의 증가, 말초저항의 증가 이차성 고혈압 : 신체 이상, 질병으로 인한 고혈압
− 고혈압 운동처방	고혈압 상태 과도한 저항성 운동 피하기
2) 당뇨	제1형 당뇨병 : 인슐린 생산×, 대사성 산증, 케톤증 제2형 당뇨병 : 운동하기 / 생활습관병 : 인슐린, 베타섬
− 대사증후군과 운동 건강상 이점(고혈압, 당뇨, 비만, 중성지방혈증)	인슐린 민감도 증가(저항성 감소) 관상동맥 질환의 위험도 감소 혈중 고밀도 지단백 콜레스테롤 증가(저밀도 감소) 혈압유지력 상승 : 체지방 감소 + 교감신경 활성도 감소
고콜레스테롤 지혈증 운동처방	유산소 운동하기, 규칙적인 운동으로 저밀도 지단백 콜레스테롤 낮추기, 혈압 감소, 혈당 농도 감소, 체지방률 감소
골다공증 운동처방 유의사항	접촉성 운동 피하기

Theme 146 | 보건

흡연	니코틴 : 신경마비, 혈관수축, 혈압증가, 동맥경화, 콜레스테롤 증가 타르 : 발암물질, 만성염증, 폐치아 검게 만듦 일산화탄소 : 혈액 산소운반능력 저해, 현기증
알코올	중추신경 마비, 탈수 촉진, 반응시간 지연, 혈압 상승
안전영역 교수·학습 방법 및 유의사항	간접체험(유형이해, 읽기, 보기, 토론하기) + 직접체험(모의상황, 역할극)하기
법정 감염병	1급(바로 격리), 2급(예방접종 대상), 3급(예방홍보, 관찰대상)

실전 전공체육

실전 전공체육

PART 7
체육사 철학

CHAPTER 22 서양 체육사

CHAPTER 23 한국 체육사

CHAPTER 24 올림픽

CHAPTER 25 체육철학

Chapter 22
서양 체육사

Theme 147 | 고대 그리스(B.C. 1100~)

호메로스시대	실천적 인간 육성, 신체적 탁월성 겨루기 일리아드(아킬레스) – 장례경기, 오디세이 – 구혼경기
스파르타	전사육성, 국군주의, 남녀 모두
– 교육단계	7세 국립공동교육소, 파이도노무스 18~20세 에페비
– 무용	🎧 비호피 (체종군) 비바시스 : 체육무용, 호모로스 : 종교무용, 피릭 : 군사무용
아테네	심신조화 전인육성, 진선미 조화, 남자만
– 교육단계	7세 팔라에스트라(레슬링학교) – 파이도트리베, 짐내스트 – 페다고거 16세 짐나지움
고대 그리스 올림픽의 특징	제사, 평화, 시민, 선서 제전경기, 종교적 제례행사, 그리스 민족통일의 토대 제공
범그리스 경기대회 (B.C. 776~A.D. 393)	명칭 : 올피이네(올림피아제, 피티아제, 이스트미아제, 네메아제) 주신 : 제아포제(제우스, 아폴론, 포세이돈, 제우스) 장소 : 올델코네(올림피아, 델포이, 코린트, 네메아) 상 : 올월소샐(올리브관(7회), 월계관, 소나무관, 샐러리관)
– 참가자격	🎧 순형엘10비(규제적 규칙 – 현대 아마추어리즘 발달에 기여) 순수 그리스 혈통 남자, 정치·종교적 형벌 없는, 엘리스의 역원이 지덕체 겸비했다고 인정, 10개월 이상의 연습, 비열한 행동 않겠다는 맹세
– 종목	5종경기 : 원도창경(스디돌)레(원반던지기, 도약, 창던지기, 경주, 레슬링) 경주(스디돌) : 스타디온(단) 디아올로스(중) 돌리코스(장)
– 쇠퇴/종말	🎧 상승직/데 상업화, 승리지상주의, 직업선수 등장 데오도시우스1세(393년) 기독교 보호하는 정책으로 다른 종교 배척, 올림픽의 제전경기 금지, 쇠퇴
– 고대 그리스 올림픽의 의의	🎧 민평인 그리스 민족단결과 평화유지에 기여 근대올림픽 제창으로 <u>인류스포츠문화 발달</u>에 공헌

148 | 로마(B.C. 800~476)

전기 로마 체육의 목적	군사훈련, 제전경기는 신에 대한 예찬
후기 로마 체육의 목적	대중 오락성격(체육쇠퇴, 직업경기자들 경연) + 주베누스 청년단, 트로이게임
탈정치화 수단으로서의 로마스포츠(그레코로만쇼)	시민의 지지 위해 비천한 유혈스포츠 여흥거리로 제공, 탈정치화수단 🎧 경연목 원형경기장(Circus, 키르쿠스막시무스) : 전차경주 원형연무장(Amphitheater, 콜로세움) : 검투사경기, 검노의 격투 공중목욕탕(테르마에)
역사적 의미	비천한 스포츠로 중세사회에서 스포츠문화 금기 초래 로마의 신체문화유산 근대스포츠 문화로 전수, 계승
로마 체육사상	유베날리스 : 건강한 신체에 건강한 정신, 심신이원론(로크인용) 갈렌 : 의사, 맥박측정, 체육과학자

149 | 중세(300~1700) 18세기, 봉건제도

1. 중세(2C~14C) 신체문화 쇠퇴 배경	🎧 심금이비 그리스 후기의 심신이원론적 관점 신체는 사악하다는 금욕주의적 사고(칼뱅교 - 잉글리시 선데이) 로마시대 운동경기가 이교와 관련 있다는 인식(기독교 보호하기) 로마시대 비천한 스포츠에 대한 반감(로마후기 유혈스포츠 - 정치적 목적)
귀족스포츠	구기 : 쥬드뽐 = 핸드볼 = 레알테니스 = 론테니스(19세기 윙필드), 스쿼시 스포츠 : 사냥, 궁술, 마상경기(토쥬퀸)
서민스포츠	기사체육과 민중의 레저 계속 존재 유혈스포츠 성행 : 소울(축구), 곰몰이, 크로켓, 밴디볼
기사체육의 목적, 수도원의 교육	🎧 군기종 : 군사적 목적+기사도+종교적 목적 초기 : 통치에 필요한 인력과 전사의 육성 후기 : 점차 종교적 의무 추가
- 기사도 정신	귀족집단의 예의범절을 포함한 행동규범과 용맹, 충성, 신의, 존중 기르기 위해 어린 시절부터 다양한 체육활동에 참여
- 기사체육의 내용	7예 🎧 승수사검수 시장 : 승마, 수렵, 사격, 검술, 수영, 작시, 서양장기 마술 🎧 토쥬퀸 : 토너먼트(다), 쥬스트(1:1), 퀸테인(혼자)

– 기사체육의 의의	🎧 공맥 ① 중세 금욕주의 사회 내 공식적 신체활동 실시 ② 고대체육의 맥 근대로 이어주는 매개역할
중세 체육사상	토마스 아퀴나스의 『신학대전』 건강한 신체 완전한 행복 위해 중요하다. 정신을 육체보다 위에 둠
2. 르네상스시대(14~16세기) 체육의 목적	🎧 (베비)군심 = 인간의 조화로운 발달 = 전인 군사적 목적(베르게리오) + 심신의 발달(비토리노 다 펠트레)
남유럽(이탈리아) 개인적 인문주의자	🎧 베비 베르게리오(스파르타) : 『신사의 처신과 자유교육』, 군사주의적 체육관, 스파르타식 교육 비토리노 다 펠트레(아테네) : 만토바 궁정학교[라 지오코사], 인문주의 교육, 심신 조화 전인교육
북유럽(독일) 사회적 인문주의자	🎧 아(톡)앨(통) 신사 = 전인 아스캄의 『톡소필러스』: 양궁의 기술, 옛 기사 전통스포츠(7예) 권장(= 조선 서유구의 『임원경제지』 앨리엇의 무용 : 『통치자의 서』, 신사교육의 방향
3. 종교개혁(16세기), 청교도/성공회	칼뱅, 청교도(프로테스탄티즘) : 잉글리시 선데이, 안식일 스포츠 활동금지, 쾌락금지, 스포츠 진화 속도 늦춤 헨리8세, 성공회(국교회, 왕당파) : 스포츠 애호사상(에슬레티시즘), 합법적인 스포츠 권장령, 왕의 스포츠 서, 스포츠 급속히 확장
4. 절대주의 (16~18세기)	왕 – 과학 – 계몽

1) 16세기 왕시대
(영국왕실, 튜더시대)
	① 계급적 특성
	    귀족 : 테니스, 사냥, 볼링 귀족만 가능, 민중은 금지. 스포츠의 계급화, 젠트리 계급 등장, 확산, 1754년 로열골프클럽
	    쥬드뽐 = 핸드볼 = 레알테니스 = 론테니스(19세기 윙필드)
	    서민 : 유혈스포츠(곰몰이), 양궁 확산, 1750 경마조키클럽(세계최초)
	② 국교회, 왕실 스포츠 애호사상 : 합법적인 스포츠에 관한 선언 = 왕의 스포츠 서(건전한 스포츠 참여 ○) vs 청교도 잉글리시 선데이 : 일요일 오락 금지 규범. 영국 스포츠 조직화 시대
	③ 스코틀랜드 제임스 1 or 6세 : 골프 + 컬링 + 하이랜드게임 유입

2) 17세기 과학시대	🎧 실단, 건정군남 ① 실학주의(Realism) 교육의 확산 : 인문적, 사회적, 감각적 ② 존 로크, 영국 단련주의 : (귀족) 바람직한 행동 습관화 위해 지속적인 단련, 훈련 필요하다. 계몽주의 사상의 기반 형식도야설, 심신이원론, 7예 + 무용 『인간오성론』, 『교육론』 건강한 신체에 건강한 정신 목적 : 건강유지, 정신수양, 군사훈련, 남성다움
3) 18세기 계몽시대	① 루소 자연주의(프랑스) : 충성 (시민)양성, 전인발달, 감각경험 ② 바제도우, 잘츠만 범애주의(독일) : 범애사상 → 구츠무츠의 『청소년을 위한 체육』

- 루소	루소(프랑스) : 계몽주의 사상 + 자연주의 자연환경에서 다양한 감각신체활동 경험과 기회 중요하다. (대중 모두) 에밀, 전인교육의 시작, 놀이
- 루소가 근대체육 발달에 미친영향	🎧 일근교 심신일원론 체육교육 가치개념 정립 근대 체육교육 발달 밑거름 스포츠 교육의 가능성 시사 학교에 스포츠 도입 여지 제공
- 바제도우의 범애학교	🎧 (단)계자 (단련주의+)계몽주의 + 자연주의 교육의 실천 통합으로 자연주의적 범애사상 실천. 자연순응, 감각학습 지향, 그리스 체육활동 근대적 전인교육 시작, 체육이 교육과정에 편성 근대체육 탄생 신호탄
- 구츠무츠	근대체육의 아버지, 바이블, 체조의 이론적 체계 확립 『청소년을 위한 체조』 집필, (@잘츠만 범애학교) 루소의 자연주의 철학 + 바제도우 범애주의 교육사상 이러한 움직임 독일의 체조운동으로 이어져 체육발달에 큰 영향
중세후기의 정세 변화	1688년 영국 '명예혁명' : 피흘리지 않고, 의회 민주주의 출발 1776년 미국 독립선언 : 이후 1861년 남북전쟁 1789년 프랑스 대혁명+영국 산업혁명 1799년 프랑스 나폴레옹의 유럽 지대 : 국가주의, 민족주의, 자유주의 사상의 확산

Theme 150 | 근·현대 유럽대륙(1800~) 19세기 🎧 국과강놀실, 독얀스칼, 스링킬, 덴나닐

19세기 체육사적 중요한 의미 종목	독일(유럽대륙)의 체계화된 체조 발달 : 국토통일, 민족성 회복 영국의 스포츠 조직화 : 스포츠교육의 수단, 스포츠교육 확산
근대 체육(19세기)의 발달 배경	🎧 국과강놀실진 국가주의 사조의 발달(체력단련, 국민성 강화), 과학적 사고와 건강중시 사조의 확장, 강건한 기독교주의 사상의 확산(계몽사조, 스포츠 체육 활동 수단 채택) 심리학의 발달과 놀이이론의 등장(체육목적 개념 변화), 실용주의와 진보주의의 확산(신체육)
근대 스포츠 문화 발달배경	🎧 구운교통제 + (아)조규경역공기 사회구조 변화(산업혁명), 운동경기 애호사상의 확산(학교 → 사회), 산업화 교통과 통신의 발달, 제국주의 사상의 확산(체조+스포츠 문화확산)
구트만 근대 스포츠의 특성	🎧 세평전합관수기

1) 독일	🎧 독)얀스칼페　　　　　　　　　11인제 핸드볼 국가주의 + 민족주의적 사회운동(배지) (사회 + 학교) 페스탈로치신인문주의 : 공교육체육(머리, 가슴, 손), 근현대체육 발달에 기여
- 얀	국가주의, 자연주의(주체성) 사회체육 체조운동인 튜른베베궁, 하젠하이제에 옥외체조장(그리스 팔라에스트라 모방), 그리스체조의 내용 도입 구츠무츠 체육에 없는 철봉과 평행봉 도입(감각운동 제외)
- 스피스	학교체육, 여성체육의 아버지, 자유운동 음악과 놀이 강조. 학교체조교본
- 칼 피셔	반더포겔(철새), 유스호스텔운동, 심신단련(늑 편력, 오리엔티어링) 1890년대 슈테글리츠 김나지움, 하이킹이나 야외 캠프 활동을 통해 자유를 추구한 활동으로 점차 보도 여행 운동으로 발전, 유스호스텔 확산의 기반
2) 스웨덴	🎧 스)링킬 과학적 체조 중심, 국가주의 정서, 왕립체조학교
- 링의 체조목표분류	🎧 병의교미 : 과학적 원리 토대로 체계화, 목적 다양화 병식체조, 의료체조, 교육체조, 미적체조
- 킬란더	오리엔티어링, 스웨덴 자연환경에 맞는 활동 창안
3) 덴마크	🎧 덴)나닐 국가주의, 닐센 7인제 핸드볼(독일 11인제 핸드볼 대체), 바이킹
- 나흐테갈	덴마크 체조의 아버지, 국가주의, 구츠무츠 체조 재조직화 나흐테갈 체조운동은 구츠무츠의 영향을 받은 결과 코펜하겐 체조학교 + 군대
- 닐스북	덴마크 체조의 개척자, 올레러프 민중학교, 국민을 위한 체조 * 한국 - 덴마크 닐스북 체조 영향 받은 보건체조 민중에게 보급
4) 프랑스	나폴레옹 국가주의, 체조, 사이클링, 사격 아모로스 도수체조 - 클리아스
- 쿠베르탱	프랑스의 교육, 체육, 근대올림픽
- 올림픽 제창 사상적 기반	🎧 실올미 실용주의 스포츠 교육사상, 올림피즘, 미학사상(페어플레이)

Theme 151 근·현대 영국(1800~)

영국 교육 시스템 이원화	상류층 : 스포츠 중심 체육(에슬레티시즘)은 퍼블릭 스쿨(럭비, 이튼스쿨) → 옥스브리지 → 엘리트(신사, 전인)양성, 강신제
	하류층 : 일요학교, 초등학교 → 체조중심, 교련 발달 : 군인양성
영국 체육 발달배경	🎧 상정제군 상류계급의 스포츠 애호 전통 정서순화 목적, 학생 생활지도 제국주의 정서의 확장, 군사적 필요성의 대두
영국 학교체육 발달과정 - 퍼블릭스쿨 중심 에슬레티시즘 확산, 스포츠를 통한 인격함양 목적 강조	체조체계의 도입 : 교련, 스웨덴체조 에슬레티시즘의 확산과 스포츠교육 : 스포츠운동, 강신제(충리) 대교경기확산 : 스포츠 클럽 생성 무용과 움직임 교육개념 출현 : 신체움직임, 목표개념 확장 학교체육의 진흥 : 2차 세계대전 이후, 체육 정규필수교과, 과학적 체육지도자의 양성 : 체육사범학교, 버밍엄
영국 스포츠 문화 발달 배경	🎧 학사산정 학교의 역할 : 퍼블릭, 옥스브리지 출신 스포츠 사회로 확산 사회적 변화 : 신흥 부르주아 늘어난 중산층, 스포츠 대중화 산업화와 과학화 : 산도교통, 스포츠 대중화 정부와 종교단체 : 스포츠 보급, 스포츠 사회화
스포츠 조직화와 확산	조직화, 통괄단체 형성, 규칙 정비 : 학교 → 대학, 사회 중상류계급 신사의 여가문화로 성장
영국 스포츠의 발달	17세기 풋볼 하층계급의 유희로 승인, 19세기 풋볼 분화됨 럭비유니언풋볼 : 럭비 퍼블릭 스쿨에서 탄생 어소시에이션풋볼(사커) : 케임브리지룰풋볼, 규칙통일, FA, FIFA 15세기 프랑스 기원 쥬드뽐 - 레알테니스 19세기 윙필드 스파이리스티케 - 론테니스 창안 - MCC재조직화 - 윔블던
영국 스포츠와 세계화	🎧 제자해 문화제국주의 정책의 결과 : 스포츠 이용 영국 스포츠 자발적 수용 결과 해외진출결과 : 상인, 사업가, 선교사
영국의 체육사상	🎧 에강아프제 에슬레티시즘, 강건한 기독교주의, 아마추어리즘, 프로페셔널리즘, 제국주의
- 에슬레티시즘의 정의	운동경기 애호사상 상류층 전통 배경 속 퍼블릭 스쿨에서 스포츠교육 촉진

: 에슬레티시즘의 목적, 스포츠교육의 목적	🎧 강신제 강건한 기독교인 육성(종교적) 신사도의 함양(도덕적), (페어플레이, 스포츠맨십) 제국에 대한 충성심과 리더십 함양(정치적)
: 에슬레티시즘의 의의	🎧 넓조교 체육의 넓은 목적 개념 부여, 스포츠의 조직화, 스포츠교육 촉진
– 영국의 강건한 기독교주의, 찰스 킹즐리	🎧 제복 남팀 제국주의(계몽) + 복음주의(종교), 남성다움, 팀스피릿(협동심) 계몽주의적 성향, 에슬레티시즘의 종교적 이념 체계, 남성다움, 힘과 용기, 단결, 협동정신 등 중시, 미국 체육에 영향을 줌

: 강건한 기독교주의의 의의	🎧 교Y
	① 스포츠를 교육의 중요한 수단으로 수용, 확산
	   코튼 = 남성다움, 팀스피릿 기를 수단으로 스포츠 도입
	② 미국 YMCA운동의 토대가 되어 스포츠 발달, 확산
	   계몽주의적 성향, 에슬레티시즘의 종교적 이념체계

– 아마추어리즘	스포츠 참여의 사회적 차별 배경, 스포츠맨십, 페어플레이, 상류층의 문화, 신사도 유지하기 ① 아마추어리즘은 영국 상류층 사회로의 스포츠 확산에 기여 ② 아마추어리즘 고수 : 럭비연맹, AAC

– 프로페셔널리즘	관중 스포츠시대 하층계급 스포츠맨 의미 → 전문직업주의 의미
	① 프로페셔널리즘은 서민과 관중 스포츠로의 하류사회로 스포츠 확산에 기여.
	   계급적 대립 이데올로기
	   관중 스포츠시대, 게이트머니 스포츠시대
	② 프로페셔널리즘 도입 : 축구협회(FA), 사회적 차별규정 철폐

– 제국주의(임페리얼리즘)	🎧 스발확 스포츠 사회진화론 → 제국주의(대영제국) + 에슬레티시즘 + 강건한 기독교주의 ① 영국 스포츠교육의 발달과 ② 영국 스포츠의 세계적 확산 기여
근대 영국의 체육사상가	🎧 맥찰토코 맥클라렌, 찰스 킹즐리, 토마스 휴즈, 코튼
– 찰스 킹즐리	강건한 기독교주의 만든 사람
– 토마스 휴즈	톰 브라운의 학창시절 강건한 기독교주의 사상과 에슬레티시즘 전 세계에 확산
– 움직임 교육 철학(라반)	체육학문화운동, 라바노테이션, 인간 움직임 사조

152 | 근·현대 미국(1800~), 1861년 남북전쟁, 20세기

미국 스포츠 발달 북부/남부	북부 청교도 : 1634년 코네티컷 블루로 : 스포츠나 오락의 참여 엄격히 처벌 ↔ 1766년 필라델피아 조키클럽 : 사냥, 복싱, 레슬링 남부 식민지 : 왕령식민지, 국교회 영국 귀족풍 스포츠문화 발달 1861년 남북전쟁
- 야구의 기원	미국 인디언 게임 라크로스(19세기 조직화)의 발달 형태 남북전쟁 중 스포츠 교류, 활성화 多
미국 체육의 발달배경	🎧 유생놀애강 유럽 체조 시스템의 도입 : 독일 + 스웨덴 생물학적 사고의 발달과 건강중시 사조 심리학과 놀이이론의 등장 : 놀이, 게임, 스포츠 포함 에슬레티시즘과 강건한 기독교주의의 확산, YMCA 등으로 파급
미국 스포츠 문화의 발달배경	🎧 선실강 선험론(초절주의 : 몸과 마음 분리×), 실용주의, 강건한 기독교주의
- 미국의 강건한 기독교 주의	대학 및 YMCA 등에서 체육활동 장려, 체육활동을 위한 공원과 운동장 설립의 확산(플레이그라운드 운동), 레크리에이션 및 청소년 활동 활성화, 중등교육을 비롯한 청소년 여가 활동의 수단으로 스포츠 채용
미국 학교체육의 발달과정	🎧 앤애서히 / 필스스놀애 / 우헤신, 듀진 1830년 와렌 '체육' 용어 처음 사용
- 1단계(1885~1900)	🎧 앤애서히 체육의 과학화 앤더슨 미국체육진흥협회 설립 : 스포츠 조직화 시대 애머슨 : 초절주의, 선험론. 몸과 마음 하나 서전트, 히치콕 체육의 과학화 : 생물학적 사고, 건강 및 체력유지증진, 신체 단련, 인체의 측정, 의료체육 발달
미국 스포츠 조직화의 시대 전조	19세기 초 문화국가주의, 아메리카니즘 시대 애머슨의 초절주의, 선험주의 / 톰 브라운의 학창시절 / YMCA 19세기 후반 에슬레티시즘 확산, 대중사회로 스포츠 확산
미국 스포츠 조직화의 시대	1870년(19세기 후반) 미국 스포츠의 급속한 조직화 시대 메킨토시 - 미국에서는 대학에서 스포츠 조직화 과정 주도, 대학스포츠 사회 로 확산(영국은 학교에서 대학, 사회로 확산) 야구(from 라크로스), 농구(귤릭, 네이스미스), 배구(모건, 미노네트), 미식축 구 + 엘리트주의와 컨트리클럽
- 2단계(1900~1917)	🎧 필스스놀애 체육 필수교과 지정(1910) 스펜서 & 스탠리 홀의 놀이이론 : 놀이게임스포츠 교육수단으로 인정 에슬레티 선데이 전통 확립, 뉴욕공립학교 경기리그

- 3단계(1917~1930)	🎧 우혜신, 듀진(헤더링턴-미국 체육의 아버지) 신체육 시대 : 우드, 헤더링턴, 캐시디. 신체의 교육에서 신체활동을 통한 교육의 시대로 전환(실용 + 진보주의 + 놀이이론) 놀이와 스포츠가 체육의 도구로 적합하다는 인식 전개 듀이 진보주의 이론 : 체육의 심리적·사회적 가치개념 확장
- 신체육	헤더링턴의 논의를 바탕으로 성장 신체의 교육에서 신체활동을 통한 교육 : 실용 + 놀이 + 진보 실용주의의 유용성 수용, 진보주의 교육의 영향 받음, 신체의 교육에서 신체를 통한 교육으로 전환, 인간의 총체성 – 지덕체 – 강조, 놀이, 게임, 스포츠를 교육의 수단으로 활용
- 그 이후	1950년 라반 인간 움직임 철학 출현 : 신노공간, 체육학문화운동 - 1960~1970년 헬리슨 인간주의 체육 - 1970~ 시덴탑 스포츠교육(놀이이론)
근대 미국의 체육 사상가	🎧 애서귤헤 애머슨, 서전트, 귤릭, 헤더링턴
귤릭	① 신체 – 정신 – 영혼의 삼각관계 통합 철학, 심신일체론 ② 체육 목적개념 놀이이론 바탕 심동적 영역에서 정의적 영역으로 확대
	YMCA, 강건기, 남성다움, 놀이이론, 플레이그라운드운동, 농구·배구 창안, 사회스포츠 보급(복음주의, 팀스피릿, 민족주의)

Theme 153 | 서양 체육사의 아버지들 🎧 구얀스 나닐헤

1. 근대 체육의 아버지	구츠무츠
2. 독일 체조의 아버지	얀(튜른베베궁)
3. 독일 학교체육, 　여성체육의 아버지	스피스
4. 덴마크 체육의 아버지	나흐테갈
5. 덴마크 체조의 개척자	닐스북
6. 미국 체육의 아버지	헤더링턴

Chapter 23
한국 체육사

Theme 154 | 삼국시대(300~668)

고구려의 경당	평민 교육기관, 경서와 활쏘기, 문무겸비 목적
신라 화랑도 성격	반관반민의 성격
신라 화랑도 교육목적	군사적 측면 + 교육적 측면(도덕적 도의교육) - 심신의 조화로운 발달 (세속오계 : 유교+불교+불국토)
- 편력	전인적 인간 육성 위함, 신라 화랑도의 신체활동 중 하나, 신체적 고생을 통해 정신의 강화와 영적 힘을 체득하고자 한 입산수행과도 연계된 활동, 금란굴, 삼일포 등 명산대천에서 행함, 신성한 국토를 지킨다는 불국토사상 내재된 활동 (cf. 반더포겔) 시와 음악과 신체적 수련활동을 통해 신체적·정신적 수양을 한 교육의 방법이다.
신라 화랑도 체육사상	🎧 **신심군불** 신체미 숭배사상, 심신일체론 사상, 군사주의 체육사상, 불국토사상
신라 화랑도 체육사적 의미	🎧 **고심역** 고대 한반도에 체육활동 존재 심신일체론을 바탕으로한 전인 교육적 체육 존재 역동적인 국민성 함양
삼국시대 민속스포츠인 석전, 투호의 성격	석전 : 놀이이자 전투훈련 투호 : 놀이이자 인격수양 각저 / 축국

Theme 155 | 고려시대(918~1392)

관학 중 무예 교육기관	국자감의 7재 중 강예재에서 무예교육을 했다.
고려시대 무인정신	충, 효, 의
고려의 무신정권과 무예의 발달	오병수박희에서의 승문천무하는 사건으로 무신정권 등장
고려의 무예체육의 종류와 성격	수박 : 인재선발의 수단인 수박, 비협, 당 등의 기법으로 겨루기 사 : 군사적, 운동경기적, 심신수양의 성격 어 : 마술, 6예, 군자 중요덕목, 마상재와 격구로 발달, 무보통지
고려시대 귀족스포츠 격구와 방응의 성격	격구 : 군사훈련이자 귀족들의 오락 / 폐단 : 사치스러워짐 방응 : 응방과 응방도감의 설치
고려시대 민속스포츠인 석전의 성격	🎧 국무관 국속, 무로서 군사훈련, 관중스포츠

Theme 156 | 조선시대(1392~1910)

조선의 무예교육의 종류	훈련원(공식) 사정(비공식)
조선의 무과채용과거	🎧 초복전 초시, 복시, 전시(왕앞에서 격구) / 선달 or 한량
조선시대 무예서적의 종류와 내용	무예도보통지 : 무예제보 6기+신보 18기 = 24기. 격구 ○, 활쏘기 × 서유구의 『임원경제지』: 활쏘기의 과학적 방법 = 아스캄(르네상스 북유럽 사회적 인문주의자) 톡소필러스
조선의 무예와 건강법	사 – 학사사상, 성균관의 대사례, 향교의 향사례 어 – 말타기 도인체조 : 이황, 활인심방, 양생, 예방목적, 보건체조
– 학사사상	활쏘기를 통한 인간형성, 전인육성, 심신수련 (활쏘기 = 교육수단, 무예, 스포츠)
– 대사례	성균관에서 행하는 의례
– 편사	팀을 나누어 실시한 궁술대회 사정편사, 동편사, 장안편사, 한출편사, 한량편사 의의 : 무예수련이자 운동경기, 학사사상 반영, 심신수련

조선시대 귀족스포츠의 종류와 특징	궁도 - 편사, 팀 구성, 궁술대회, 선수 간 승부 겨루기 봉희 - 격방, 격봉, 골프 방응 - 응방에서 담당, 성행, 폐단 투호 - 덕, 경(집중력)
조선시대 민속스포츠의 종류와 특징	석전 - 국무관운(국속, 무, 관중, 운동경기) 장치기, 투호(여성스포츠), 인색희(줄다리기), 도색희(줄넘기), 초판희(널뛰기), 제기차기(축치구), 비연, 쌍육, 저포(윷놀이)

Theme 157 | 개화기(1876~1910) 🎧 태수정

1) 근대체육의 태동기 (1876~1884 개항)	무예학교(부산동래) → 원산학사(원산, 문 + 무) 정규교육과정에 전통무술, 무예체육 포함
2) 근대체육의 수용기 (1885~1904 갑오)	1885년 선교학교 & 1895년 교육조서 새로운 학제도입과 학교 설립에 관한 법령 공표, 체육의 중요성 강조
교육조서 의의	🎧 체교근 체육을 중요한 영역 중 하나로 인정, 교육기회 전 국민으로 확대 전통적 유교중심 교육에서 근대적 전인교육으로의 전환
관공립학교	관공립학교 체조 정식 교과목으로 편성(관립외국어는 정식 ×) 소학교 고등과 사범학교 : 체육(체조) 정식 교과목 ○(병식체조)
관립 외국어학교 (1896, 육영학교)	체육 정식 교과목× : 스포츠 + 1896년 화류회(허치슨 운동회, 육상) 300보 달리기, 600보 달리기, 1350보 달리기, 공던지기, 멀리뛰기, 높이뛰기, 2인3각달리기, 줄다리기
선교학교(1885) 한국교육에 미친 영향	1890년 서구스포츠 정규교과×, 과외활동, 오락으로 도입 🎧 서자여전 서구식 교육과 신학문의 도입, 진정한 의미의 자유교육 실현, 여성교육을 통한 남녀 평등의식 고양, 체육과 예술 교육 통한 전인교육의 실천
YMCA(1903) 귤릭	🎧 강남 (+ 남복강민/근대확지올붐) 강건한 기독교주의(사상적 토대) + 남성다움(핵심개념) 학교 + 지역사회 + 세계에 스포츠 보급 by 황성기독교청년회 구기와 씨름, 육상경기, 덴마크체조 등 전개
- 서구 근대스포츠 빠른 확산 이유	🎧 민기대 민족주의적 운동, 기독교의 선교정책, 스포츠 대중화운동

3) 근대체육의 정립기 (1905~1910 을사)	🎧 **필운병** ① 체조 관립 + 사립학교의 <u>필수교과</u>로 지정 ② 운동회 활성화(학교스포츠의 발달) ③ 민족정신 고취, 체력단련(병식체조) 강조 사립학교인 보성학교, 안창호 대성학교와 이승훈 오산학교
– 운동회의 성격과 기능	🎧 **민사공** 민족의식 고취(애국가), 사회체육 발달, 공동체의식 강화(단체전)
개화기 스포츠의 도입과 보급	체조 – 육상 – 축구 – 야구 – 농구(질렛, 반할) – 사이클, 배구 야농질 / 배반
개화기 체육단체의 결성	🎧 **구황국** 1906년 대한체육구락부 – 최초의 근대적 체육단체 1903년 황성기독교청년회운동부 – YMCA 1907년 대한국민체육회 – 노백린(병식체조의 개척자)
개화기 체육 사상가	🎧 **이노문기** 이기동 – 『최신체조교수서』 일반체조 형성, 이론체계 확립 노백린 – 대한국민체육회, 최초 체조 강습회, 병식체조 중심 체육 비판 문일평 – 태극학보 "체육론" 체육교사 양성, 해외파견 주장 이기 – 대한자강회, 한성사범학교 교관
개화기 체육의 역사적 의미	🎧 **각위근** 체육 개념 및 가치의 근대적 각성 교육체계 속 체육위상 정립 근대적 체육 및 스포츠 문화의 창출
개화기 학교체육의 목적	병식체조 중심으로 민족주의 사상 고취(을사늑약 이후) ＋ 국권회복의 기초 다지기 (한·일병합 이후 일본에 의해 내용 다양화)

Theme 158 | 일제강점기(1910~1945) 🎧 무문민 / 공제개통

무단 통치기	조선교육령 공포기 (1910~1914)	일본 신민 육성목적, 체육 자주성 박탈과 <u>우민화교육</u> 지향 민족주의적 체육활동 통제목적, 병식체조에서 체조교육 확대, 다양화 학교체조 → 보통체조 / 병식체조 → 스웨덴(서전) 체조 / 유희 도입
	체조교수요목 제정과 개정기 (1914~1927)	체조교수요목 공표, 체조교육 통일, 민족주의적 성격 말살 학교 체육 필수, 스포츠 과외로 도입, 권장 유병보-체교유(유희, 병식체조, 보통체조 → 체조, <u>교련</u>, 유희)
문화 통치기	체조교수요목 개편기 (1927~1941)	체조중심에서 유희 및 스포츠 중심 체육으로 변경 전국 규모 중등학교 육상경기대회 시작. 운동경기대회 스포츠 다양화, 국제대회 진출 1936년 베를린 올림픽 학교경기는 사회체육으로 이어져 민족의식 고취
민족 말살기	체육 통제기 (1941~1945)	병참기지화, 민족말살정책, 황국신민 목적, 군사훈련 강화(내선일체) 체조과 → 체련과로 변경되었다. 체육대회 금지하고 폐지하였다.
민족주의적 체육 활동		🎧 Y전단저 YMCA 스포츠교육운동, 체육단체의 결성, 청년회 활동 민족 전통경기의 부활과 보전, 운동경기를 통한 저항과 제합
- YMCA 스포츠 교육운동, 황성기독교청년회		🎧 (강남+) 남복강민/<u>근대확지올붐</u> 남성다움, 복음주의 연계 + <u>강건기</u> + <u>민족주의(황성)</u> 근대스포츠 도입과 활성화, 스포츠대중화, 스포츠 전국 확산, 스포츠지도자 배출, 체육에 올바른 인식 심어주기, 스포츠붐 맥잇기
- 민족 전통경기의 부활과 보전운동		🎧 씨국보 씨름, 국궁 + 보건체조(덴닐) * 한국 - 덴마크 닐스북 체조 영향 받은 보건체조 민중에게 보급
- 스포츠 단체의 결성과 활동		1919년 조선체육협회 - 일본, 육상경기대회 / 1938년 조선체육회 흡수 1920년 조선체육회 - 한국, 전 조선야구대회 / 대한체육회, 전국체육대회
- 운동경기 통한 저항		1936년 베를린 손기정 일장기 말소 의거, 엄복동 자전거
민족주의적 체육활동의 결실		🎧 근대전족 근대스포츠의 보급과 확산, 스포츠 대중화, 민족 전통경기 계승 발달, 한국체육의 민족주의적 경향 강화

Theme 159 | 현대(1945~)

민간체육단체	1945년 대한체육회 – 조선체육회 계승, 소년체전 개최 1945년 각종 경기단체 설립 1947년 대한올림픽위원회 – 1948년 런던 올림픽 출전
광복 이후 우리나라의 체육 전개	1945년 미군정기 – 신체육 개념 기반 학교체육진흥 시작 1960년 박정희 – 국민체육진흥운동, 체력은 국력 슬로건 1970년 박정희 – 국가주의 이념 토대로 엘리트스포츠와 사회체육 전개 1980년 전두환, 노태우 – 스포츠 과학화와 프로스포츠 활성화

Theme 160 | 민속 스포츠의 변천 정리

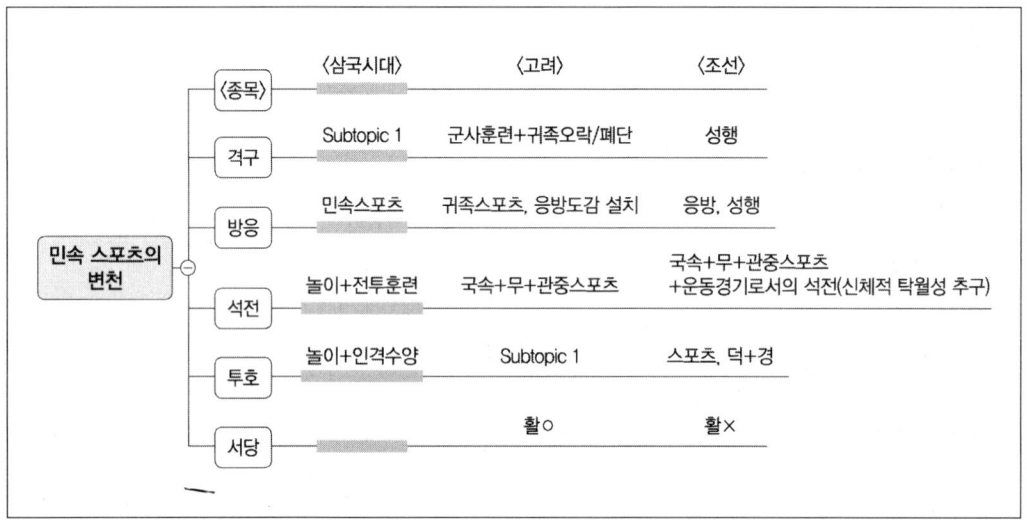

Chapter 24
올림픽

Theme 161 | 하계 올림픽

시기	장소	특징
고대올림픽	그리스	제전경기, 종교적 제례행사, 그리스 민족통일 토대 5종경기 (원도창경레) @ 올피이네
제1회(1896)	그리스 아테네	여성 참여 금지 육상 우회전 주로 1등 올리브관
제2회(1900)	프랑스 파리	여자선수 올림픽 최초 출전
제4회(1904)	영국 런던	국가단위 참가 시작, 알파벳 순서로 입장 올림픽 신조 출현. 승리보다 참가에 의의 강조 '노력', '훌륭하게 싸우기'
제7회(1920)	벨기에 앤트워프	올림픽 대회 모토 시작 '더 빠르게 더 높게 더 힘차게' 오륜기 최초 계양, 선수선서 최초 시작
제8회(1924)	프랑스 샤모니	제1회 동계올림픽 개최
제10회(1932)	미국 로스앤젤레스	<u>우리 민족 최초 참가</u> 올림픽 신조 공인 사용 참가에 의의 1996년 애틀랜타 올림픽 다시 열림, 상업화의 정점
제11회(1936)	독일 베를린	히틀러, 체제 우월주의 선전, 최초 성화봉송제도 손기정 마라톤 우승, 일장기 말소 의거 농구 공식종목 채택
--- 2차 세계대전 ---		
제14회(1948)	영국 런던	'한국' 정식 국호로 최초 대회 출전
제16회(1956)	호주(오스트레일리아) 멜버른	최초 올림픽 보이콧 본격적 미·소 대결, 냉전체제
제19회(1968)	멕시코 멕시코시티	고지대 산소희박, 마스코트 처음 등장 흑인 인종차별에 대한 검은장갑, 검은양말 항의, 학생시위 미국 포스베리 배면뛰기 시작
제20회(1972)	독일 뮌헨	검은 구월단 이스라엘 선수 학살, 인종차별 문제
제21회(1976)	<u>캐나다 몬트리올</u>	양정모 레슬링 한국 최초 금메달 남아공 인종차별 보이콧 (뉴질랜드의 참가에 대한 아프리카 국가들 반발)

제22회(1980)	소련 모스크바	미국의 올림픽 보이콧 구 소련 아프가니스탄 침공에 대한 외교적 항의 수단
제23회(1984)	미국 로스앤젤레스	소련과 공산진영의 보이콧 올림픽의 상업화 급속히 진전 2028년 LA올림픽 개최 결정
제24회(1988)	대한민국 서울	12년 만에 동서진영 화합, 약물복용문제 한국 종합 4위
제25회(1992)	스페인 바르셀로나	프로선수 참가 시작 올림픽 상업화 황영조 마라톤 우승
제27회(2000)	호주 시드니	태권도 정식 종목 채택 최초 남북한 선수단 동시입장, 한반도기, 아리랑

Theme 162 | 동계 올림픽

시기	장소	특징
제1회 동계(1924)	프랑스 샤모니	최초 동계 올림픽
제5회 동계(1948)	스위스 산모리츠	한국 최초 참가
제16회 동계(1992)	프랑스 알베르빌	김기훈 쇼트트랙 한국 최초 금메달
제21회 동계(2010)	캐나다 밴쿠버	김연아 금메달

Theme 163 | 스포츠와 남북관계

시기	특징
1929년(일제강점기) - 경평축구대회	
1990년 남북통일축구 평양대회 개최	
1990년 남북통일축구 서울대회 개최	
1991년 불가침 협력 합의서	
1991년 자바 세계 탁구선수권대회 최초 단일팀 구성 참가	최초 단일팀 구성 참가, 국가명 KOREA, 한반도기, 국가 아리랑, 여자 단체전 코리아팀 우승
2000년 시드니 올림픽	개·폐막식 공동입장, 태권도 정식종목

Chapter 25
체육철학

Theme 164 | 체육철학의 기초

1. 체육개념의 변천	신체의 교육 – 신체를 통한 교육 – 움직임 교육 – 인간중심 교육 – 스포츠 교육
1) 신체의 교육 (본질주의-맥클로이, 마벨리)	목표 : 신체적성. 신체단련 + 운동기능 숙달 내용 : 체조 한계 : 체육이 트레이닝, 건강교육에 그침
2) 신체를 통한 교육 (진보주의-헤더링턴, 윌리엄스)	체육 주지과목과 동일한 중요성 인정에 기여 목표 : 종합적성 : 체지덕 전인육성, 사회성 발달, 문제해결 목표 내용 : 놀이, 게임, 스포츠. 문제해결학습, 다양한 활동, 협동 한계 : 목표 분절화, 주로 심신이원론적 관점으로 현장전개
3) 움직임 교육 라반의 휴먼 무브먼트 사상	체육학문적 정립, 학문중심 교육과정, 움직임의 원리(지식의 구조), 움직임의 원리 가르치기. 교육효과보다 학문적 영역 강조
4) 소매틱스. 토마스 한나, 실존현상학	의식, 신체적 기능, 외적환경 깨달을 수 있다.
체육의 목적과 가치	신체, 심리(정서적 안정 – 근원적 경향의 제어, 욕구충족, 스트레스 해소), 사회, 철학적 가치
2. 체육의 철학적 이해	전통철학 : 관념론, 실재론, 자연주의, 실용주의, 실존주의, 현상학 교육철학 : 진보주의, 본질주의, 항존주의, 재건주의
1) 관념론	육체는 정신의 지배를 받는다. 마음, 정신, 영구불변의 진리 문화전수, 심신이원론
2) 실재론	객관적 사물, 감각 그대로, 과학적 연구, 로크, 페스탈로치 신체의 교육, 운동기술의 발달, 신체적성 강조 신체>정신, 심신일원론
3) 자연주의	경험하여 전 능력을 발전, 흥미에 적합한 내용선정, 협동, 사회성 함양, 구츠무츠 범애학교, 청소년을 위한 체조
4) 실용주의	경험, 행동, 문제해결, 생활의 유용할 때에만 진리, 절대적 진리는 없으며, 운동상황에 적용되는 것이 진리이다. 학생들의 요구 수용을 통한 적극적 참여유도가 교육의 필수 요소이다. 사회성, 체지덕 종합적성, 민주주의 위한 사회적 행동 필요 상황 문제해결력을 요구하는 체육수업방법을 활용, 교사는 환경제공자, 안내자, 조력자로 기능한다.
5) 실존주의	인간의 주체성 함양, 개인 자유롭게 선택 책임, 다양한 신체활동 제공, 자기평가, 자아실현, 종합적성, 내적 체험의 기회 증대, 신체는 체험의 〈주체〉이자 정신적 유일의 실재, 주관적 가치 판단, 창조적 무용의 중요성, 존재의 의미 샤르트르-존재는 실재에 앞선다. 선택의 자유 강조

6) 현상학	모든 객관적 실체는 의식적 형성의 산물, 의식 속에 체험 몰입, 주체와 객체 통합, 깨달음. 스포츠 행위에서 신체는 지향적 주체, 포이어바흐 – 몸의 표현으로 영혼의 모습 드러낼 수 있다고 주장 체육교육은 신체활동을 통한 심신의 조화로운 발달이라는 가치를 추구하기 때문에 학생들이 움직임을 통해 지각(깨달음)할 수 있도록 유도해야 한다고 생각한다.
3. 교육철학(체육사조)	전통철학 : 관념론, 실재론, 자연주의, 실용주의, 실존주의, 현상학 교육철학 : 진보주의, 본질주의, 항존주의, 재건주의
1) 진보주의(20세기)	체지덕 총합된 전인교육, 협동 자발적 흥미 중심, 과제수행 시 문제해결 능력 발달, 신체 단련과 발달 그 이상 추구 종합적성, 체지덕, 사회성, 협동, 신체를 통한 교육(일원론) 민주적 삶의 능력 함양 추구, 마음과 몸의 생물학적 통합 동기유발자, 조력자, 경험제공 체육의 수단적 가치에 주목한다는 비판, 자연주의 오류 가능성
2) 본질주의(20세기)	교사와 교과중심과정, 체력발달, 운동기능(신체적성), 훈련 강조 신체의 교육(이원론), 체력장의 철학적 토대 신체적 자아의 개발 그 자체로 목적
3) 항존주의	교육은 불변적 본질, 이성적 능력 개발하기, 영원성 교사는 지배자 역할, 학생은 반복 훈련 통해 체득하기
4) 재건주의	사회적 자아실현, 행동과학적 연구에 기초 사회개혁, 시대변화 적응
4. 심신 상관론	심신이원론, 심신일원론, 심신일체론
1) 심신이원론(데카르트, 플라톤)	움직임은 생각의 지배를 받는다. 먼저 움직임의 결과에 대해 생각하는 시간을 갖는 것이 중요하며 그 뒤에 신체운동 교육적 효과를 키움 운동 지식의 전달은 정신 고유의 역할, 지식을 구성하는 하나의 보편적인 기반, 구조가 존재 정신 : 불가분적, 공간비점유, 비연장성, 정신 = 인간 신체 : 가분적, 공간점유, 연장성, 신체 = 대상. 신체기능 발달초점 → 신체의 교육, 신체를 통한 교육 모두 수용 불가, 부정한다.
2) 심신일체론(메를로 퐁티)(실존현상주의)	신체화된 존재, 신체는 체험의 〈주체〉이자 정신적 유일의 실재 다양한 체험의 기회제공, 구성주의 체육 옹호 신체의 교육과 신체를 통한 교육 모두 인정한다.
3) 심신일원론(포이어바흐)(현상학)	신체활동을 통한 심신의 조화로운 발달, 움직임 지각, 신체와 정신, 심동, 인지, 정의 모두 포함하는 전인적 수련 몸의 표현으로 영혼의 모습 드러낼 수 있다고 주장 체육교육은 신체활동을 통한 심신의 조화로운 발달이라는 가치를 추구하기 때문에 학생들이 움직임을 통해 지각(깨달음)할 수 있도록 유도해야 한다고 생각한다.

라일의 지식	명제적 지식 : 중추표상, 체육 이론 　　　　예 속근과 지근의 특성을 안다. 스포츠와 건강의 관계를 설명할 　　　　　　수 있다. 규칙을 설명할 수 있다. 방법적 지식 : 운동기술 수행을 지식의 한 유형으로 주장. 1회성, 완벽구현 어려움, 　　　　예 규칙을 잘 지킨다. 할 수 있다.
체육교육 정당화	내재적 정당화(선험적 지식) : 그 자체로서 가치 - 즐거움, 문화가치, 선험적 　　　　　　　　　　　　　　　정당화 외재적 정당화(경험적 지식) : 건강증진, 사회성 함양, 정서순화 - 수단·목적 　　　　　　　　　　　　　　　관계, 경험적 관련
- 사실판단 가치판단	사실판단 : 경험적 사실 가치판단 : 진선미, 당위
스포츠참가의 5단계 캐롤린 토마스	🎧 지준참몰해 지향, 준비, 참여, 몰입(체험 그 자체), 해결

Theme 165 | 스포츠 윤리의 기초

스포츠와 정의	🎧 평절분 정의 = 규칙 = 준법성+공정성(준법성 vs 불법성 / 공정 vs 불공정) 정의롭지 못함 : 불법 or 불공정(공정성 : 모든 선수 동등기회 보장)
1) 평균적 정의	'같은 것은 같게' 참여의 기회 평등, 성별, 계층, 장애 / 규칙 동일 적용, 조건 평등, 통제할 수 없는 요인에 대한 절차적 정의 확보로 평균적 정의 손상 없도록
2) 절차의 정의(→ 평, 분)	통제 불가능한 불평등(불공정)은 〈경기시작 전〉 협의를 통해 추첨 등 〈절차적 정의〉 확보로 〈평균적 정의〉 유지, 기입형 예 진영교대, 공수교대, 출발위치 제비뽑기 공정한 절차적 정의에 따라 합의가 이루어지면 결과도 정의롭다.
3) 분배의 정의	'다른 것은 다르게' 결과의 확실한 불평등, 피겨, 기술 난이도에 따른 차등점수 분배적 정의 실현 위해 모두 동의한 절차적 정의 확보 필요
- 롤즈의 정의론	절차가 공정하면 결과도 공정하다. 사회적 합의의 대상 원초적 입장, 무지의 베일, 1원칙 언제나 2원칙보다 우선 평 / 차기
- 롤즈 제1원칙	제1원칙 평등한 자유의 원칙 : 타인의 자유 침해하지 않는 한 최대로 보장, 누구나 동등 권리 부여
- 롤즈 제2원칙 사회적·경제적 불평등 가능조건	차등의 원칙 : 최소 수혜자 이익보장, 사회적 약자, 경제취약계층 기회 균등의 원칙 : 직위와 직책 공정기회 보장

- 에토스로서의 정의 (justice)	페어플레이와 스포츠맨십, 규칙의 정신 따르기 경쟁자를 배려하는 습관적으로 몸에 익힌 감성적 능력 경쟁은 스포츠에 유일 존재 탁월성, 정의	
평등한 경쟁조건	공정성의 확립 = 경기화 촉진	
페어플레이의 유래	근대스포츠의 탄생 → (통일된 규칙) 제정 → (공정성) 확립 퍼블릭스쿨, 도덕적 교육, 성격형성의 중요 수단으로 인식 오늘날 스포츠의 보편적인 윤리규범 승리에 대한 집착 < 상대방에 대한 배려, 아마추어리즘	
- 페어플레이의 의미	스포츠의 보편적 도덕규범 = 형식 + 비형식 페어플레이 진실과 성실의 정신을 바탕으로 경기에 임하는 도덕적 태도 규칙의 준수(제제)이면서 평가의 기준(가치판단), 스포츠의 도덕적 행위 결정, 스포츠 자체에 공유된 에토스	
- 페어플레이 실현방법	[유불리 계산 없이 공정성 처음부터 끝까지 유지할 의무(경기지연×)] 형식적 페어플레이 : 경기 중 선수가 지켜야 할 정정당당한 행위, 성문화(형식적) - 의도적 반칙 : 구성적 규칙 위반 아니지만, 규제적 규칙 위반이다. 비형식적 페어플레이 : 공유된 관습(에토스)까지 포함, 경쟁자를 배려하는 습관적으로 몸에 익힌 감성적 능력, 비성문화 적극적인 배려행위 - 구성적 규칙 / 규제적 규칙 포함	
스포츠맨십의 의미	스포츠를 하는 사람들이 지켜야 하는 규칙과 태도 스포츠규범 목적 : 인간(신사)으로서의 도덕적 태도, 추구할 가치 스포츠에서 실천하는 것 - 정의, 명예, 용기, 성실 [경기 고의 지연, 승리 위해 일반적 덕목인 명예, 정의 훼손] 승리 집착하지 않고 경기자체 즐길 것, 경쟁 뛰어 넘어 도덕 감정 자극, 구체적 실천 덕목. 스포츠를 보다 가치 있게 만듦	
- 스포츠맨십의 역사	중세 기사도 정신 → 근대 젠틀맨십(신사도) → 현대 스포츠맨십	
- 스포츠맨십의 구조	규칙준수 → 페어플레이 → 스포츠맨십	
- 스포츠맨십과 페어플레이의 차이	예 이기고 있는 팀 경기 고의 지연 페어플레이 : 유불리 관계없이 경기의 (공정성) 끝까지 지켜야 할 의무가 있다. 스포츠맨십 : 정의, 용기, 명예, 성실 등 개인과 승리보다 팀이 궁극적으로 지녀야 할 일반적인 덕목을 지켜야 한다. *(스포츠맨십)은 (페어플레이)에 비해 보다 보편적인 윤리규범, 인간으로서의 매너 스포츠에서 실천해야 한다.	
공격성	Elias(엘리아스) 문명화이론 : 근대 스포츠 = 공격성의 제어, 공격의 욕구, 본능 문화적 해소 - 골대, 네트, 과녁 로렌츠 : 인간의 공격적 충동에 기인, 근원적 경향성 발산하는 카타르시스 효과, 교육적으로 발산과 억제 조절 공격성과 경쟁 불가분 : 공격은 도덕적 허용 범위 내에서 이루어져야 한다. 허용범위 외 = 폭력, 스포츠 자체의 에토스(페어플레이, 스포츠맨십) 지키기 (= 스포츠 일탈의 상대론적 관점) 한나 아렌트 : 무사유, 악의 평범성	

166 | 윤리 이론

1. 공리주의	행위 결과에 초점, 보편원리 결과, 유용성, 공평성의 행위원리, 자결일
1) 공리주의 원리	🎧 결유공 결과의 원리 : 결과론적 윤리체계 유용성의 원리 : 최대 다수의 최대 행복 공평성의 원리 : 가치의 기준 공평, 보편, 모든 사람 권리 동등
2) 양적 / 질적 공리주의	벤담의 양적 공리주의 : 최대 다수 최대 행복, 쾌락의 양 따르기 밀의 질적 공리주의 : 쾌락의 질적 차이 고려, 정신적 쾌락 > 감각적 쾌락, 질적 우위에 있다. 쾌락전문가들이 선호하는 쾌락 우수
3) 행위 / 규칙 공리주의	행위(직접) 공리주의 : 결과, 팀의 승리에 유용한 것이 옳은 것, 의도적 파울 합리화 규칙(간접) 공리주의 : 규칙의 일치여부가 최대 선, 규칙 따를 경우 더 많은 행복 가져온다. 의도적 파울은 스포츠 전체의 이익이 ×. 행위 공리주의의 난점 극복 가능
4) 공리주의에 대한 비판	🎧 자결일 자연주의적 오류 : 경험적 사실에 의거한 사실판단으로 도덕적 당위를 다루는 가치판단을 도출하는 오류를 범한다. 결합의 오류 : 이기적 존재, 공익 위해 사익의 희생 당연히 여긴다. 이기주의적 쾌락주의 ≠ 보편주의적 쾌락주의 일반적 정의와의 충돌 : 결과론적 윤리체계, 양적계산, 불행은 고려 않는 정의 문제 소홀(차별, 불행 많은 사회 정의로운가)
5) 현대의 공리주의 – 싱어	싱어 이익동등고려의 원칙 : 공평성의 원리 개인-공동체-국가-인종-동물계 일반으로 확장되어야 한다. 고통을 느낄 수 있는 능력이 도덕적 권리의 기준(이성 ×) 종 차별주의 반대, 동물 해방론
6) 공리주의의 한계	공리주의 내포 : 공공이익의 결과만 강조, 악한 동기, 소수의 불행 의무주의 관점 : 선의지, 동기가 중요, 결과만 강조 × 덕윤리 관점 : 보편원리에만 초점, 행위자 간과, 덕성판단 ×
2. 의무주의(동기주의)	행위 동기(원리)에 초점, 선의지, 실천이성, 근원적 경향성, 자율성, 당위, 의무, 준칙, 도덕법칙, 정언명령. 실제상황
1) 칸트 윤리학의 기초	🎧 동자(실근자선)당 동기주의 : 행위의 동기가 도덕적 선을 결정한다. 자율성(실근자선) : 실천이성으로 근원적 경향성 벗어나 자율성으로 선의지 갖고 행동하기. 실천이성의 결과 = 선의지, 객관적 도덕법칙 확립, 도덕적 행위 하기, 의무 확립하기 도덕적 당위로서의 의무 : 스포츠의 규칙과 규범은 당위적으로 주어지는 강제적 의무, 규칙 = 도덕적 법칙 = 도덕적 당위 의무

2) 의무주의 윤리의 원리	🎧 선의보 선의지 : 도덕성의 유일한 기준. 결과의 좋고 나쁨과 무관, 의무라는 이유로 실천할 때 완벽한 선, 도덕적 행위의 필요충분조건. 결과무관(칭찬과 보상을 목적으로 페어플레이 한다면 도덕적×) 의무 : 의무 이행 행위가 곧 선이다. 의무는 자율적 의지로 근원적 경향성 억누르고 스스로에게 의무행동 명령하기 보편성 : 도덕법칙 보편적이어야 한다. 모든 사람에 의해 행해져도 올바른가. 보편적 이성으로 인간의 합리성 존중, 타인과 자신 동등한 존재로 대우
3) 도덕법칙과 정언명령	준칙, 조건 없는 선험적 원칙으로 정언명령 따르기
- 준칙	행위 전 행위의 이유인 준칙, 행위 가능케 하는 의지 준칙이 보편타당성 지닐 때 도덕법칙이 된다.
- 정언명령	네 의지의 준칙이 언제나 동시에 보편적 입법의 원리가 될 수 있도록 행위하라. + 인간 항상 목적으로 대하라. = 정언명령 그 자체로 하나의 도덕법칙, 실천이성의 선험적 원칙 조건 없는 명령, 의무인 정언명령만이 도덕적 명령된다.
- 가언명령	조건이 붙는 명령, A를 원하면 B를 해야 한다.
4) 칸트의 도덕철학과 페어플레이	의무로서의 페어플레이 : 페어플레이는 행위의 원리, 의무, 도덕법칙. 경쟁의 조건인 공정성 확립. 실천이성으로 경향성 억제 정언명령과 페어플레이 : 모든 선수 반드시 도덕법칙인 페어플레이에 따라야 한다. 결과에 영향 미치지 않는다.
5) 한계점	의무 간 갈등상황, 실제상황에서 의무가 상충될 때 하나의 의무 버려야 해서 갈등 해결할 수 없다. 메킨타이어 덕윤리학 관점 : 의무판단만 강조할 뿐 행위자의 존재와 덕성판단 간과한다. 행위자의 아레테에 따른 실천행위 간과한다.
3. 덕윤리	행위자, 감정, 아레테, 공동체 의식, 덕성판단, 실천
1) 기존의 윤리학 비판	🎧 보행감덕 공리주의와 의무주의의 보편적 원리 비판 행위자의 존재 간과하는 근본적 문제점 비판 개인의 감정, 공동체 가치관, 인간관계 동기 간과 비판 덕성이 도덕의 원리나 규칙보다 중요, 습관적 행위로 덕성 개발해야 한다.
2) 행위에서 행위자로	행위의 도덕적 근거(공리, 의무)가 아닌 공동체의 가치관이 동기와 의무에 앞선다. 행위자의 덕성 판단에 따른 올바른 감정의 실천이다. 실천 통해 형성된 품성이 곧 도덕적인 삶이다.
3) 덕의 함양 : 스포츠 윤리의 확대	스포츠 참여는 성숙한 인격체로 성장하기 위한 덕성 함양, 인격 완성에 도움 실천을 통해 형성된 품성이 곧 도덕적인 삶이다.

4) 덕윤리학의 전개	🎧 앤아메 앤스콤, 덕윤리의 부활 : 원리 대신 행위자의 내적특성, 성향, 동기 아리스토텔레스 : 행복 = 최고선 = 탁월성(아레테) 발휘, 실천, 덕은 습관적인 행위. 실천 이후에 덕성 알게 된다. 상황에 맞는 현실적, 구체적 행위 메킨타이어, 공동체주의(센델) : 도덕이란 공동체의 가치, 문화, 관계 내면화하고 실천하는 것. 합리성은 시대, 장소에 따라 다양하다. 덕 = 구체적 상황에서 도덕적으로 일관되게 행하는 인격체 특성 스포츠맨십은 공동체가 축적해온 내재적 선의 전통 따르기 스포츠맨십의 실천 = 덕의 실천, 무도 = 인격체의 완성
5) 덕윤리의 한계점	판단의 불확정성 : 상황에 따라 표면상 미덕으로 보이는 것이 결국 악덕일 때도 있다. 예) 팀워크, 팀정신, 빈볼 상대주의의 위험성 의무주의 : 보편적이지 못한 도덕 원리

167 총론

핵심역량	🎧 자지창심의공 자기관리역량, 지식정보처리역량, 창의적 사고역량, 심미적 감성역량, 의사소통역량, 공동체역량
교육과정 구성의 중점	핵심역량 함양, 바른 인성 갖춘 창의융합형 인재 양성 - 학생의 적성과 진로에 따른 선택학습 강화 - 교과의 핵심개념을 중심으로 학습내용 구조화, 학습량 적정화 - 학생참여형 수업, 자기주도적 학습능력 - 과정 중시 평가, 학생 스스로 성찰, 교수·학습의 질 개선 - 교육목표, 교육내용, 교수·학습 및 평가의 일관성 강화 - 특성화, 산업수요 맞춤형 고등학교 국가직무능력 표준 활용
중학교 교육목표	일상생활과 학습에 필요한 기본능력 기르고 바른 인성 및 민주시민의 자질 함양 - 신체활동의 심화 및 적용 교육(각론)
고등학교 교육목표	학생의 적성과 소질에 맞게 진로를 개척 세계와 소통하는 민주시민으로서의 자질 함양 - 평생체육 및 진로교육(각론)

Ⅱ. 학교급별 교육과정 편성·운영의 기준	1. 공통교육과정(초·중) / 선택중심 교육과정(고)
	2. 학년 간 상호 연계, 협력, 유연한 편성·운영, 학년군 설정
	3. 공통교육과정 - 8개 교과군 / 최소 수업 시수
	4. 선택중심 교육과정 - 진로 및 적성에 맞는 학습
	   4개 교과영역, 교과(군)별 필수이수 단위 제시 /
	   보통교과(공통과목 / 선택과목) & 전문교과(ⅠⅡ)

Ⅱ. 학교급별 교육과정 편성·운영의 기준	5. 학습부담 적정화 = 집중이수 / 학습량 적정화 = 핵심개념 6. 창의적 체험활동. 소질과 잠재력 계발, 공동체 의식 기르기. 7. 범교과 학습 주제 교과 + 창의적 체험활동, 통합, 지역사회, 가정 8. 학교는 필요에 따라 계기교육 실시할 수 있다.
1) 중학교(공통교육과정)의 편제	중학교 교육과정 : 교과(군) + 창의적 체험활동 - 교과 : 8개. 체육, 국어, 영어, 수학, 선택(진로와 직업) - 창의적 체험활동 : 자동봉진. 동아리활동 내 학교스포츠클럽 활동
1) 고등학교(선택중심 교육과정) 편제	고등학교 교육과정 : 교과(군) + 창의적 체험활동 - 교과(군) : 보통교과(공통과목 / 선택과목(일반 / 진로)) + 전문교과(ⅠⅡ) - 창의적 체험활동 : 자동봉진(자율, 동아리, 봉사, 진로)
2) 중학교의 시간배당 기준	272시간 - 기준 수업시수, 연간 34주. 3년간(감축편성 불가) 306시간 - 창의적 체험활동(스포츠클럽 136시간) 3366시간 - 총 수업시간수, 최소
2) 고등학교 단위배당 기준 일반고, 자율고, 특수 목적고	10단위(170시간) - 체육 필수 이수 단위 24단위(408시간) - 창체 이수 단위, 최소 204단위(3468시간) - 총 이수 단위, 최소 86단위 - 자율편성 단위. 학생 적성 진로 고려 편성 체육·예술 교과(군) / 교과영역 - 체육 교과 - 선택과목

2) 고등학교 단위배당 기준
특성화고, 산업수요
맞춤형고(마이스터)
	8단위 - 체육 필수 이수 단위
	24단위 - 창체 이수 단위
	204단위 - 총 이수 단위
	  28단위 - 자율편성 단위
	  86단위 - 전문교과Ⅱ

중학교 교육과정
편성·운영 기준
	1. 교과(군)의 이수시기와 수업시수는 학교 자율적 결정가능
	2. 교과(군)별 20% 범위 내 시수 증감 편성·운영 가능
	  (체육·예술 교과는 기준 수업시수 감축하여 편성·운영 불가)
	3. 학교는 학습부담 적정화하고 의미 있는 학습활동 이루어지도록 학기당 이수 교과목 수 8개 이내로 편성
	  (체육·예술 교과 제한에서 제외하여 편성할 수 있다.)
	4. 자유학기 : 자신의 적성과 미래탐색, 자기주도적 학습능력과 태도
	  진주동예(진로탐색, 주제선택, 동아리, 예술·체육 활동) 등 체험중심 자유 학기 활동 운영 / 협동, 토의·토론, 프로젝트 참여형
	5. 학교스포츠클럽 활동 : 136, 34~68 학생들의 선택권 보장 종목 다양, 창의적 체험활동의 동아리 활동
	<u>매학기 편성+학년 별 34~68시간(매학기 16~34시간)</u>
	<u>68시간 운영 학년, 학교스포츠클럽 활동 - 체육 대체○</u>
	6. 학교 스포츠 클럽 활동 시수 확보 방안 🎧 교순창
	  1) 교과(군)별 20% 범위 내 감축
	  2) 창의적 체험활동 시수 순증
	  3) 68시간 범위 내 기존 창의적 체험활동 시간 활용

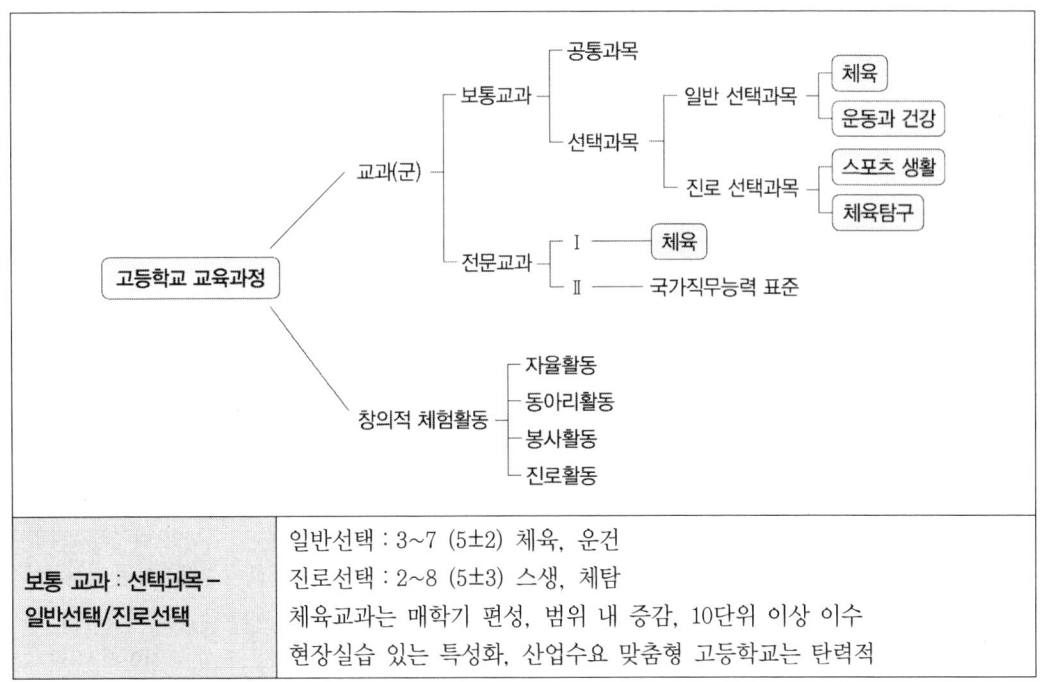

보통 교과 : 선택과목 - 일반선택/진로선택	일반선택 : 3~7 (5±2) 체육, 운건 진로선택 : 2~8 (5±3) 스생, 체탐 체육교과는 매학기 편성, 범위 내 증감, 10단위 이상 이수 현장실습 있는 특성화, 산업수요 맞춤형 고등학교는 탄력적

Theme 168 | 중학교 · 고등학교 시간/단위 배당 기준

중학교 시간배당 기준	272, 306(136), 3366
- 학교스포츠클럽 활동	총 136시간 운영해야 함 학년별 34~68(매 학기 16~34)
고등학교 단위배당 기준 일반고, 자율고, 특수목적고	10, 24, 204, 86
고등학교 단위배당 기준 특성화고, 산업수요 맞춤형고(마이스터)	8, 24, 204

Theme 169 | 체육과 교육과정 각론의 성격과 목표

1. 체육과의 성격	신체활동을 통해 체력 및 운동능력 비롯한 건강하고 활기찬 삶에 필요한 능력 기르고 사회 속에서 바람직한 인성 발휘, 자신의 삶 개척, 체육문화 창조적 계승발전
(1) 체육과의 본질	신체활동을 교육의 본질이자 교육의 도구로 활용
(2) 체육과의 역할	건강증진, 종합적 운동능력, 종합적 안목, 실천 능력 (직접체험활동 + 간접체험활동)
– 체육과의 역량	① 신체활동이 가지고 있는 다양한 가치요소 종합적 체험 ② 신체활동의 가치 내면화, 삶 속에서 실천 ③ 체육과 역량인 건신경신으로 삶을 스스로 계발, 신체 문화 활동 계승 발전
'건강관리능력'	① 건강한 생활습관 형성, 적극적인 실천적 삶의 태도, 건강한 라이프스타일 ② 질서와 존중의 공동체 의식, 신중하고 절제된 태도로 문제해결하는 안전의식
'신체수련능력'	① 자신의 신체적 수준 이해, 지속적 적극적 노력으로 새로운 목표달성 ② 심신일원의 통합적 관점 신체의 단련 + 정신수양 포함 = 전인적 수련
'경기수행능력'	① 경쟁상황 적합한 전략과 기능 발휘, 개인-공동 목표 달성 ② 공동체 의식, 의사소통 능력, 대인관계능력 함양
'신체표현능력'	① 신체와 움직임을 매개로 창의적·심미적 생각과 느낌을 표현 ② 심미적·비판적 수용, 다양한 문화수용, 안목 형성
– 체육과의 영역	🎧 건도경표안
2. 체육과의 목표	신체활동의 가치 내면화, 삶 속에서 실천, 체육과 역량 함양 전인교육 – 초등학교 : 신체활동의 기본 및 기초 교육 – 중학교 : 신체활동의 심화 및 적용 교육 – 고등학교 : 평생체육 및 진로 교육

Theme 170 | 체육과 중학교 영역 및 내용요소, 기능

영역	청킹		내용요소			기능
건강	건 신생여 측중운 존조율	계실관평	건강과 신체활동 체력 측정과 평가 자기존중	건강과 생활환경 체력 증진과 관리 자기조절	건강과 여가활동 운동처방 자율성	평가하기 계획하기 관리하기 실천하기
도전	동기투 도 역특 경과 방전 용인절	시분수극	동작 도전 스포츠의 역사와 특성 경기기능과 과학적 원리 경기방법과 전략 용기	기록 도전 스포츠의 역사와 특성 경기기능과 과학적 원리 경기방법과 전략 인내심	투기 도전 스포츠의 역사와 특성 경기기능과 과학적 원리 경기방법과 전략 절제	시도하기 분석하기 수련하기 극복하기
경쟁	영필네 경 역특 경과 방전 페팀운	분협의경	영역형 경쟁 스포츠의 역사와 특성 경기기능과 과학적 원리 경기방법과 전략 페어플레이	필드형 경쟁 스포츠의 역사와 특성 경기기능과 과학적 원리 경기방법과 전략 팀워크	네트형 경쟁 스포츠의 역사와 특성 경기기능과 과학적 원리 경기방법과 전략 운동예절	분석하기 협력하기 의사소통하기 경기수행하기
표현	스전현 표 역특 동원 수창 심공비	탐신감의	스포츠 표현의 역사와 특성 표현 동작과 원리 수행과 창작 심미성	전통 표현의 역사와 특성 표현 동작과 원리 수행 공감	현대 표현의 역사와 특성 표현 동작과 원리 수행과 창작 비판적 사고	탐구하기 신체표현하기 감상하기 의사소통하기
안전	유생여 안 운스사 의존공	상의대습	스포츠 유형별 안전 운동 손상 예방과 처치 의사결정력	스포츠 생활과 안전 스포츠 시설·장비 안전 존중	여가 스포츠와 안전 사고예방과 구급·구조 공동체 의식	상황파악하기 의사결정하기 대처하기 습관화하기

Theme 171 | [중학교 1~3학년 군] 교수·학습 방법 및 유의사항 / 평가방법 및 유의사항

〈공통〉 교수·학습 방법 및 유의사항	영역별 학습내용 직접체험활동 중심, 간접체험활동 포함 (정의적 영역) 간접체험활동뿐만 아니라, 직접체험활동과정 통해 느끼고 발휘할 수 있도록 지도
〈공통〉 평가방법 및 유의사항	이해, 경기수행능력, 규범실천 능력 모두 평가
+ 직간접 체험활동	직접체험활동 - 신체활동, 모의상황 실습 간접체험활동 - 읽기, 보기, 토론하기, 감상하기, 시청각자료, 쓰기, 조사하기
신체활동 선정 기준	신체활동은 교육과정 목적에 근거하여 선택, 학교 교육여건에 따라 다른 영역 신체활동 예시나 새로운 신체활동 선택할 수 있다. 단, 단위학교의 교과협의회 통해 결정한다.
(1) 건강	건강관리능력, 건강과 신체활동 관계 이해, 실천, 지속 유지
건강, 교수·학습 방법 및 유의사항	1) 단계별, 수준별 지도 2) 지속적, 자율적 탐색 실천 유지
건강, 평가방법 및 유의사항	1) 건강 및 체력 증진방법 스스로 선택, 지속적 실천과정 평가, 일회성 평가× 2) 스스로 점검 - 체크리스트, 건강생활습관 실천 - 포트폴리오
(2) 도전	신체수련능력, 도전정신과 정신수련능력

도전, 교수·학습 방법 및 유의사항	1) 목표 성취 계획 세울 수 있는 자기주도적 학습활동 이루도록
	   동작도전 : 동작의 탁월성에 도전, 용기있게 단계별, 수준별
	   기록도전 : 속도와 거리, 정확성, 팀구성-상호학습, 목표달성능력
	   투기도전 : 공격과 방어기술을 주고받으면서 상대방의 신체적 기량과 의지에 도전, 경기상황(체험)에서 규범에 맞게 수행

도전, 평가방법 및 유의사항	1) 이해력, 운동수행능력, 규범실천능력 균형 있게 평가 2) 도전 과정 평가, 개인차 고려한 수준별 평가
(3) 경쟁	경기수행능력, 경쟁과 협동의 원리, 상호작용할 수 있는 능력

경쟁, 교수·학습 방법 및 유의사항	1) 공동목표 위해 구성원과 협동학습 / 공정, 역할책임, 존중
	   영역형 경쟁 : 상대방의 영역 침범하기 위해 상호경쟁 / 공정(정정당당)
	   필드형 경쟁 : 동일한 공간에서 공격과 수비 번갈아하며 경쟁 / 책임
	   네트형 경쟁 : 네트를 사이에 두고 상호경쟁 / 상호존중

경쟁, 평가방법 및 유의사항	1) 이해력, 운동수행능력, 규범실천능력 균형 있게 평가 2) 페팀운 실천할 수 있도록 평가
(4) 표현	신체표현능력 - 심미적·창의적 표현 / 심미적·비판적 수용, 타인과 소통하고 공감
표현, 평가방법 및 유의사항	1) 분석력, 동작수행능력, 표현력, 비평능력 균형 있게 평가 2) 심공비 : 표현활동 과정에서 나타나는 태도, 행동을 체크리스트, 일지, 감상문, 창작 보고서 등을 통해 평가할 수 있다.

표현, 교수·학습 방법 및 유의사항	1) 인문적, 예술적, 과학적 지식 / 표현기능 창의성, 감수성 스포츠표현 : 동작 습득 자체에 지도 초점을 두기보다 신체활동에 존재하는 심미성, 예술성 직접 체험하고 감상할 수 있도록 지도한다. 전통표현 : 전통 존중, 공감, 다양한 문화 체험, 발표 현대표현 : 정형화된 표현방식×, 비판적 감상, 발표
(5) 안전	스포츠와 안전의 관계 이해, 안전사고 유형과 예방, 대처 다양한 상황에 대한 학습이 중요하다.
안전, 교수·학습 방법 및 유의사항	1) 안전사고의 예방, 대응능력, 실제사고의 구체적 예시 활용 2) 구체적 사례들 모의상황에서 직간접적 체험. 시청각, 가상 토론 3) 의사결정력, 존중, 공동체 의식 수업활동으로 지도, 마음가짐
안전, 평가방법 및 유의사항	1) 구체적 위기상황 제시, 적절한 판단과 대처할 수 있는지 발표, 시연, 예방법 종합적 사고 평가 2) 안전의식 고취 위한 포스터, 시, 표어, UCC제작

Theme 172 | 교수·학습의 방향 🎧 체학자전 맞정

체육과 역량함양을 지향하는 교수·학습	신체활동을 체험하고 그 가치 내면화함으로써 습득되는 지식기능태도의 종합적 능력
학습자 특성을 고려한 수준별 수업	흥운체성학 고려하여 활동 내과방 다양하게 구성, 목표달성 기회 제공 활동 내용(성취수준 다양) / 활동 과제(학습환경 재구성) 활동 방법(링모메 교수방법), 다양하게 구성함으로써 목표달성의 기회 제공 진단평가, 팀티칭 활용
자기주도적 교수·학습 환경 조성	학습내용과 방법 학생들이 활동 상황 속에서 스스로 탐색하며 이해할 수 있도록 탐구적 교수·학습 활동 자료 제공 〈도전영역〉 자기평가, 체크리스트 스스로 작성
전인적 발달을 위한 통합적 교수·학습	직접체험 + 간접체험 제공(이해하기, 수행하기, 실천하기) 심인정 역량 균형 있게 체험 전인적 성장, 발달할 수 있도록 다양한 활동 통합적 제공한다.
맞춤형 교수·학습 방법의 선정과 활용	학습 내용의 특성, 맥락 고려하여 가장 적합한 수업 모형, 스타일, 교수·학습 전략, 수업기법 선정, 창의적 변형. 교육과정 내용의 특성 고려하여 효율적 지도할 수 있는 교육 기자재 선정
정과 외 체육 활동과 연계한 교수·학습	일상생활 속 실천 경험 조사, 그것들을 체육수업의 소재로 삼기, 체육수업시간에 배운 신체활동 일상생활에서 실천해볼 수 있도록 안내하기, 체육과 역량 발휘하는 자율성과 실천력 기르기 정과체육활동에서 배운 내용 기반 학교스포츠클럽 활동, 학교스포츠클럽 등 생활 속 신체활동 실천, 자율성 및 실천력 강조

Theme 173 | 교수·학습의 계획 🎧 정운(연) 습운(영학시) 습활(학평통학)

교육과정 운영 계획 : (연간) 학습영역 학년별 수준에 따라 단위학교별 자율적 재편성 가능, 교과협의회	① 연간 교육과정 운영계획 수립 : 수업가능일수와 시간 파악 다양한 영역, 안전영역 타영역과 연계 실질적 능력 향상, 체력증진 분할편성 가능
교수·학습 운영 계획(단원) 🎧 영학시	① 영역의 특성과 학습 주제 고려 : 동일 신체활동, 수업의도에 따라 다른 결과, 영역특성과 학습주제 명확히 인식해야 한다. ② 학생의 사전학습 경험 및 발달 특성 분석 : 경험, 흥미, 수준, 학습유형 선택하여 연습, 선호하는 학습방식 설문조사 ③ 시설 및 용·기구 확보 : 보완, 지역사회, 안전, 체육관 벽, 소프트 발리볼, 배구공 연습
교수·학습 활동 계획(차시) 🎧 학평통학	① 학습활동의 재구성 : 성취기준에 쉽게 도달, 주제, 학생특성, 환경 ② 평등한 학습기회 제공 : 다양한 과제, 역할, 활동 적극적 참여, 팀구성 ③ 통합적인 학습활동 구성 : 단위수업 여러 성취기준 통합학습 ④ <u>학습자 관리와 안전 고려</u> : 학기 초 수업 규칙 수립, 일관성 있게 적용, 안전수칙과 절차 마련하고 공지, 도전 또는 경기상황 <u>과도한 목표성취욕구와 지나친 경쟁심으로 운동손상사고 발생에 대한 안내 충분히 실시</u>

Theme 174 | 평가의 방향 🎧 연균다

교육과정과의 연계성	− 평가영역과 평가내용 국가교육과정과의 연계성, 계획, 실천 − 교수·학습 목표, 교수·학습 활동, 평가 일관성 있게 유지 − 평가목표와 평가내용 일치도(목표× 내용×) − 수준별 수업에 따른 평가로 교수 타당도 높이기
평가내용의 균형성	5개 영역 각 내용요소 평가 성취기준에 따라 균형 있게 평가, 비중은 교과 협의회, 동학년 협의회를 거쳐 달리할 수 있다.
평가방법과 평가도구의 다양성	학습 결과 + 과정 포함, 다양한 평가요소 제시, 충분한 시간 확보 양적평가 질적평가 병행, 실제성, 종합성, 핵심역량 성취정도 주체 다양 : 교사평가, 학생평가(상호, 자기), 단편적 기능, 일회성 기록 측정평가 지양, 수시평가, 피드백 제공 평가내용 = 평가도구 일치해야 함, 내용평가에 적합한 것만 정하기. 잘못된 거 빼기

Theme 175 | 평가의 계획  내성방 선정

평가내용 선정	교육과정 내용요소 바탕, 수업목표, 학습내용, 핵심역량 평가범위 : 교수·학습 활동을 통해 지도된 전체 영역 대상, 　　　　　평가비중을 달리할 수 있다. 교수·학습 계획단계 평가계획표를 함께 작성
성취기준 및 성취수준의 선정	양적＋질적 행동수준으로 진술 목표 수준에 따라 수행능력, 변화 정도 서로 다르게 평가 참여 동기 높이고, 신체활동 실천에 도움
평가방법 및 도구 선정 개발	평가방법은 학습목표, 평가목표에 적합하게 선정 다양한 평가목적을 고려, 검사도구의 양호도 고려

Theme 176 | 평가결과의 활용

평가결과의 활용	다음에 이루어질 교수·학습 계획 수립, 개선에 활용

177 | 체육과 고등학교 영역 및 내용요소, 기능

선택중심 교육과정 : 일반선택 - 체육

영역	청킹		내용요소	기능
건강	생 자 신 관	계실관평	생애주기별 건강관리 설계 자신의 체력관리 설계 신체활동과 여가생활 자기 관리	평가하기 계획하기 관리하기 실천하기
도전	가 수 전 극	시분수극	도전 스포츠의 가치 도전 스포츠의 경기 수행 도전스포츠의 경기 전략 자기 극복	시도하기 분석하기 수련하기 극복하기
경쟁	가 수 전 예	분협의경	경쟁 스포츠의 가치 경쟁 스포츠의 경기 수행 경쟁 스포츠의 경기 전략 경기 예절	분석하기 협력하기 의사소통하기 경기수행하기
표현	표 양 작 심	탐신강의	신체 표현에서의 표현 문화와 신체 문화 신체 표현 양식과 창작의 원리 신체 표현 작품 창작과 감상 심미적 안목	탐구하기 신체표현하기 감상하기 의사소통하기
안전	신 심 의	상의대습	신체활동과 안전사고 심폐소생술 안전 의식	상황파악하기 의사결정하기 대처하기 습관화하기

− 선택중심 교육과정 : 일반선택 : 운동과 건강(건강) 🎧 계리안

영역	청킹		내용요소	기능
운동과 건강의 관계	생 건 관	탐관판생	생활습관과 건강관리 건강과 운동효과 운동과 자기관리	탐구하기 관리하기 판단하기 생활화하기
운동과 건강 관리	자 비 체 정	탐관평생	운동과 자세관리 운동과 비만관리 운동과 체력증진 운동과 정서조절	탐구하기 관리하기 평가하기 생활화하기
운동과 안전	유 예 안	탐관예대	운동 손상의 유형과 특성 운동 손상의 예방과 대처 안전한 운동환경	탐구하기 예방하기 대처하기 관리하기

− 선택중심 교육과정 : 진로선택 : 스포츠 생활(도전, 경쟁, 표현) 🎧 가수안

영역	청킹		내용요소	기능
스포츠 가치	역 사 경 윤	탐분판실	스포츠의 역할과 특성 스포츠와 사회 문화 스포츠와 경기 문화 스포츠 윤리	탐구하기 분석하기 판단하기 실천하기
스포츠 수행	도 경 표 여	실소계생	스포츠와 도전 스포츠와 경쟁 스포츠와 표현 스포츠와 여가생활	실천하기 소통하기 계획하기 생활화하기
스포츠 안전	유 예 환	분탐대관	스포츠 안전사고의 유형과 특성 스포츠 안전사고의 예방과 대처 스포츠 환경과 안전	분석하기 탐색하기 대처하기 관리하기

- 선택중심 교육과정 : 진로선택 : 체육탐구 🎧 본과진

영역	청킹		내용요소	기능
체육의 본질	의 생 현	탐비분발	체육의 의미와 가치 체육의 생성과 발전 현대 사회에서의 체육의 기능과 역할	탐구하기 비교하기 분석하기 발표하기
체육과 과학	사 심 생 역	탐비분적	체육의 사회학적 원리와 적용 체육의 심리학적 원리와 적용 체육의 생리학적 원리와 적용 체육의 역학적 원리와 적용	탐구하기 비교하기 분석하기 적용하기
체육과 진로	적 직 진	탐분평계적	체육 적성과 관련 역량 체육과 직업의 유형별 특성 체육 진로의 설계	탐구하기 분석하기 평가하기 계획하기 적용하기

Theme 178 | 체육과 교육과정 변천

미군정 과도기 (1945~1946)(신체육사상)	1945년 조선체조연맹이 국방력 강화목적으로 중등학교 체육과 교수요목 제정. 학제 변경으로 중학교 체육교과 → 체육·보건으로 명칭 변경
교수요목기 (1946~1954)	- 식민지 교육에서 민주주의 자유교육으로의 전환기. 보건체육 목표내용 방법 평가의 문서체계 구성요소 없음 초등학교(보건) - 중학교(체육보건) - 고등학교(체육) 체육 필수교과
제1차 교육과정(교과중심) (1955~1963) 이승만	- 우리나라가 만든 최초의 체계적인 교육과정, 보건 + 체육 심인정 영역 구분, 목표 분절화 초등학교(보건) - 중등학교(체육). 학교급별 목표제시
제2차 교육과정(경험중심) (1963~1973) 박정희	- 체육과 명칭 초·중등 모두 '체육'으로 통일 초등학교(학년군별), 중학교(학년별) 목표제시 1차 틀 유지 + 레크리에이션 목표
제3차 교육과정(학문중심) (1973~1981) 박정희	- 초등학교에 놀이 대신 '운동' 개념 도입 남녀별 교육내용 달리 제시, 고등학교 실기내용 남녀 비율 제시 내용세분화 : 초 4 → 7, 중·고 6 → 9 질서운동(초·중) + 순환운동(초·중·고)

제4차 교육과정(인간중심) (1981~1987) 전두환	- 정의적 영역 강조, 후속 교육과정 내용영역 체제 설정 모체 움직임 교육과정 영향으로 '기본운동' 개념 도입 중학교(투기운동), 고등학교(평생스포츠, 야외활동)
제5차 교육과정(통합중심) (1987~1992) 노태우	- 교육내용 심동, 인지, 정의 영역으로 나누어 제시 - 목표의 분절화 학교급별 교육목표 제시 : 심동 2개, 인지 1개, 정의 1개 초중(신체움직임의 기본능력 향상) 중·고등학교(체력운동 도입)
제6차 교육과정 (1992~1997) 김영삼	교육과정 분권화, 지역화 → 내용편성·운영의 자율권, 차이 고려 내재적 가치(움직임 욕구 실현, 문화계승) / 외재적 가치(생리적 효율, 정서, 사회성) 제5차 교육과정 목표분절 극복 - 인지(이론 + 보건), 정의(내용체계) 초(체력운동 신설), 중·고(체력육성) 강조. 건강체력과 게임중시 평가영역의 원리 실현 못함. 의도 - 실천 - 평가의 일관성 연계성 낮음
1997년 제7차 교육과정 (1997~2012) 김대중, 노무현, 이명박	- 교육내용 '필수'와 '선택'으로 나누어 학습량, 교과내용 최적화 국민공통기본교육과정(초3~고1) + 선택교육과정(고2, 3). 목표일원화 필수 체육 = 삶의 질 향상에 공헌하는 교과(내재적 가치 + 외재적 가치) 목표분절화, 학교급별 목표 구분 없이 총괄목표와 하위목표로 제시 학습자중심 교수·학습, 활동중심, 개인차, 평등 기회, 교육적 평등(결과) 스포츠 종목중심 체육, 내용의 연계성×, 심화선택 - 전문교과 과목
2007년 개정 교육과정 (2007~2013)	- '신체활동가치' 개념이 새롭게 도입됨. 가치중심(건도경표여) 국민공통기본교육과정(초3~고1) + 선택교육과정(고2, 3), 통합적 목표제시 체육과 교육과정 용어 신설, 신체활동 선택 자유, 평가자율성(평가종목 수와 비율 삭제), 신체활동 선택예시, 운동건강, 스포츠문화, 스포츠과학
2009년 개정 교육과정 (2013~2015)	- '학년군제' 도입, 창의인성 강조, 내용체계 + 성취기준 제시 공통교육과정(초·중) 선택교육과정(고) 동일과제 다른 목표, 소외× 신체활동 활용예시, 운동과 건강생활, 스포츠문화, 스포츠과학
2015년 개정 교육과정 (2016~)	- '역량교육' 강조, '안전교육' 강화, 성격항 재도입, 신체활동예시 공통교육과정(초·중) 선택중심 교육과정(고) - 자지창심의공, 건신경신

 참고 문헌

강상조(2017), 체육통계, 21세기 교육사.
구창모(2011), 현대스포츠사회학, 대한미디어.
권은성(2023), ZOOM 전공체육, 박문각.
김선진(2023), 운동학습과 제어, 대한미디어.
김정효(2020), 스포츠윤리, 레인보우북스.
박명기(2017), 체육교수론, 레인보우북스.
손천택(2017), 체육교수이론, 대한미디어.
유정애(2005), 체육수업비평, 레인보우북스.
이기봉(2022), 체육측정평가, 레인보우북스.
정일규(2011), 휴먼퍼포먼스와 운동생리학, 대경북스.
정청희(2009), 스포츠심리학의 이해와 적용, 레인보우북스.
최규훈(2023), VZONE 전공체육, 배움.
최대혁(2021), 파워생리학, 라이프사이언스.
하남길(2010), 체육사신론, 경상대학교출판부.

저자 대어해리

2020년 고려대학교 사범대학 졸업
2020학년도 공립 중등학교 교사 임용시험 합격
서울시교육청 소속 교사
YOUTUBE '대어해리' 채널 운영

[저서]
- 실전 교육학 테마 165(미래가치, 2023)
- 실전 전공체육 테마 178(미래가치, 2023)

실전 전공체육 테마 178

인　쇄 : 2023년 5월 12일
발　행 : 2023년 5월 18일
편저자 : 대어해리
발행인 : 강명임 · 박종윤
발행처 : (주) 도서출판 미래가치
등　록 : 제2011-000049호
주　소 : 서울시 영등포구 선유로130 에이스하이테크시티3 511호
전　화 : 02-6956-1510
팩　스 : 02-6956-2265

ⓒ 대어해리, 2023 / ISBN 979-11-6773-275-0 13690
- 낙장이나 파본은 교환해 드립니다.
- 이 책의 무단전재 또는 복제행위는 저작권법 제136조에 의거하여 처벌을 받게 됩니다.

정가 27,000원